역사를 읽으면 통찰력을 얻는다
중국역사를 읽으면 중국으로 가는 길이 보인다

21일간의 이야기만화 역사기행
만리 중국사

COMIC VERSION OF CHINESE HISTORY 43, 44

Copyright ⓒ 中国美术出版社总社连环画出版社, 2011; 编绘: 孙家裕; 主笔: 尚嘉鹏 · 潘广维
Korean translation copyright ⓒ Korean Studies Information Co., Ltd., 2013
Korean translation rights of 《COMIC VERSION OF CHINESE HISTORY》
arranged with LIANHUANHUA PUBLISHER directly.

21일간의 이야기만화 역사기행

만리 중국사

19권 명 2

초판인쇄 2014년 3월 7일
초판발행 2014년 3월 7일

글·그림 쑨자위
글 상자펑·판광웨이
옮긴이 류방승
펴낸이 채종준
기획 권성용
편집 정지윤, 백혜림
디자인 박능원, 이효은
마케팅 송대호, 정경철, 이행은

펴낸곳 한국학술정보(주)
주소 경기도 파주시 화동길 230 (문발동 513-5)
전화 031) 908-3181(대표)
팩스 031) 908-3189
홈페이지 http://ebook.kstudy.com
전자우편 출판사업부 publish@kstudy.com
등록 제일산-115호(2000. 6. 19)

ISBN 978-89-268-5435-8 14910
       978-89-268-5416-7 14910(set)

강성하고 부유한 제국의 건설
19권 명 2
쑨자위 글·그림
상자펑·판광웨이 글
21일간의 이야기만화 역사기행
만리 중국사
이담 Books

중국은 세계 4대 문명 발상지 가운데 하나다. 중화 문명은 아득히 먼 옛날부터 수천 년 동안 전해져 내려오며 상고上古, 하夏, 상商, 주周, 춘추春秋, 전국戰國, 진秦, 서한西漢, 동한東漢, 삼국三國, 서진西晉, 동진東晉, 남북조南北朝, 수隋, 당唐, 오대십국五代十國, 송宋, 요遼, 서하西夏, 금金, 원元, 명明, 청淸 등의 역사 시대를 거쳤다.

중화 문명은 세계에서 가장 오래된 문명이자 가장 오래 지속된 문명이기도 하다. 중화 문명과 어깨를 나란히 한 문명으로는 고대 바빌론 문명, 고대 그리스 문명, 고대 이집트 문명 등이 있다. 어떤 문명은 중국보다 먼저 발생하고, 또 범위도 훨씬 넓었지만 이들은 이민족의 침입 혹은 스스로의 부패로 인해 멸망하여 결국 기나긴 역사 속에서 연기처럼 사라져 버렸다. 중국만이 세계에서 유일하게 문명 대국을 자랑하며 유구한 역사를 이어 오고 있다.

수천 년 동안 중화 민족은 무엇에도 굴하지 않는 강인한 의지와 과감한 탐구 정신, 총명한 지혜로 웅장한 역사의 장을 엶과 동시에 눈부시게 찬란한 물질문명과 정신문명을 창조했다.

이 책의 편집 제작은 정사正史를 바탕으로 진실하고 객관적인 사실을 전달하는 데 주력했다. 또한 역사를 만화 형식으로 풀어 씀으로써 독자들이 아름답고 다채로우며 생동감 넘치는 장면을 느끼리라 기대한다. 독자 여러분들이 쉽고 재미있게 읽는 가운데 역사를 직접 느끼고 역사에 융화되어 깨닫는 바가 있기를 바란다.

지롄하이紀連海
중국 CCTV '백가강단百家講壇' 강사

강성하고 부유한 제국의 건설

명(明, 1368~1644년)은 한족이 몽고족의 통치를 뒤엎고 건립한 한족 부흥 왕조이자 중국 역사에서 마지막으로 한족이 건국한 군주제 왕조이다.

1368년, 주원장朱元璋은 원나라가 와해되는 시기에 민족 중흥의 기치 아래 응천부(應天府, 지금의 남경)를 수도로 삼아 명나라를 건국했다. 그해에 대도를 함락하고 원나라의 마지막 황제 순제를 북쪽으로 몰아냈다. 중원을 통일한 그는 정치적으로 중앙집권적 전제 통치를 더욱 강화하고 모든 군정 대권을 황제에게 귀속시켜 진한 이래로 이어온 중앙집권 통치가 한층 더 강화되었다.

명은 영락제(永樂帝, 주체朱棣) 때 전성기를 맞이했다. 그는 백성들의 생계를 살피고, 대운하를 건설하고, 북쪽 변방의 경계를 강화하여 장성을 수리했으며, 북방 이민족의 침입에 재빨리 대응하기 위해 1421년에 수도를 북경北京으로 정식 천도했다.

명나라는 강력한 중앙집권제를 바탕으로 경제가 회복되면서 농업과 수공업이 현격하게 발전했다. 상업과 도시는 전에 없는 번영을 누렸고, 심지어 강남에는 기술 분업과 고용 노동 등 자본주의 생산방식이 출현하게 되었다. 또 정화鄭和는 일곱 차례나 서양을 다녀오는 업적을 이룩했고, 중국과 아시아 및 아프리카 각국과의 우호 관계 및 경제ㆍ문화 교류도 활발히 이루어졌다.

하지만 후기로 들어서면서 통치가 부패하고 환관이 정권을 농락하자 조정은 점점 혼란에 빠져들게 되었다. 토지가 소수에게 집중된 데다 계급 갈등까지 격화되면서 이자성李自成 등이 이끄는 농민 기의가 발발했다. 1644년, 이자성의 농민군이 북경을 함락하고 명나라를 뒤엎자 숭정제崇禎帝는 목을 매 자살했다. 이때 동북 지방에서 흥기한 청淸나라가 중원이 어수선한 틈을 타 산해관山海關을 넘어와 이자성을 몰아내고 새로운 중원의 주인이 되었다.

사상 면에서 왕수인王守仁은 실천을 중시하는 인격주의의 이상철학理想哲學을 주창하여 유학에 새로운 생명을 불어넣었다. 그의 학설인 양명학陽明學이 크게 유행하면서 명나라 말기의 사상계를 주도했다. 또한 명대에는 과학과 문학이 큰 발전을 이룩했는데 이시진李時珍의 『본초강목本草綱目』, 송응성宋應星의 『천공개물天工開物』, 서광계徐光啓의 『농정전서農政全書』 및 중국의 4대 기서 중 『서유기西遊記』, 『수호전水滸傳』, 『삼국연의三國演義』가 모두 명대에 지어졌다.

상고 上古	B.C. 약 800만~2000년
하 夏	B.C. 2070~1600년
상 商	B.C. 1600~1046년
주 周	B.C. 1046~771년
춘추 春秋	B.C. 770~403년
전국 戰國	B.C. 403~221년
진 秦	B.C. 221~206년

한 漢	서한 西漢	B.C. 206~A.D. 25년
	동한 東漢	25~220년

삼국 三國_위 · 촉 · 오	220~280년

양진 兩晉	서진 西晉	265~317년
	동진 東晉	317~420년

남북조 南北朝	420~589년
수 隋	581~618년
당 唐	618~907년
오대십국 五代十國	907~960년

송 宋	북송 北宋	960~1127년
	남송 南宋	1127~1279년

요 遼	907~1125년
서하 西夏	1038~1227년
금 金	1115~1234년
원 元	1271~1368년
명 明	1368~1644년
청 淸	1644~1911년

명 明

- 1583년 누르하치가 흥기, 마테오 리치가 중국에서 선교를 시작
- 1585년 해서가 죽음.
- 1592년 조선에 임진왜란 발발, 구원군을 보냄.
- 1596년 이시진의 『본초강목本草綱目』 간행
- 1599년 만주 문자 창제
- 1601년 마테오 리치가 북경에 거주, 누르하치가 팔기제도를 창시
- 1602년 이탁오가 죽음.
- 1605년 마테오 리치와 서광계가 『기하학 원본』 한역 간행
- 1616년 누르하치가 후금을 건국
- 1619년 살이호 전투 발발
- 1620년 신종 서거, 광종이 병사하고 주유교가 즉위
- 1621년 누르하치가 심양과 요양을 점령
- 1626년 원숭환의 영원 대첩, 누르하치가 서거하고 홍타이지가 즉위
- 1627년 명의 마지막 황제 주유검 즉위
- 1630년 이자성이 기의군에 합류, 장헌충 기의
- 1636년 홍타이지가 황제가 되어 청을 개국
- 1640년 이자성 부대가 하남에 진입
- 1642년 네덜란드가 대만을 침입, 송금전투의 대패
- 1643년 청 세조 복림이 즉위
- 1644년 이자성이 대순 정권을 수립, 오삼계가 청에 투항, 숭정제가 매산에서 자결

※ 오승은 『서유기西遊記』 저술

※ 시내암 『수호전水滸傳』 저술

※ 나관중 『삼국연의三國演義』 서술

차례

명 上

명 下

明 上

世○上
明

이지李贄

명의 사상가이자 문학가. 호는 탁오卓吾이다. 유교의 권위에 대항하고 금욕주의와 신분 차별에 반대했다. 반유교적이라는 이유로 박해 받다가 옥중에서 자살했다. 저서로는 『분서焚書』, 『장서藏書』가 있다.

탕현조湯顯祖

명의 희곡 작가이자 문학가. 작품에는 「모란정牡丹亭」, 「한단기邯鄲記」, 「남가기南柯記」, 「자채기紫釵記」 등이 있는데, 이를 묶어 '옥명당사몽玉茗堂四夢'이라 부른다. 이 중 가장 유명한 「모란정」은 중국은 물론 세계 문학사에서 중요한 위치를 차지하고 있다.

풍신수길豊臣秀吉

일본 전국시대 말기의 봉건 영주로, 일본을 통일하고 중국 대륙 침략의 야망을 실현하기 위해 임진왜란을 일으켰으나 실패했다.

심유경沈惟敬

일본어에 능통해 임진왜란 때 통역관 겸 사신으로 일본 측과 협상을 진행했다. 하지만 협상 내용을 조작한 것이 들켜 처형되었다.

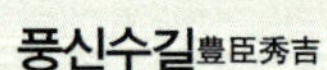

양호楊鎬

명 말기의 장수.
자는 경보京甫이고
만력萬曆 연간에
진사에 올랐다.
살이호薩爾滸 전투에서
명군을 총지휘했으나
대패했다.

누르하치努爾哈赤

청 태조. 후금後金의
초대 황제. 여진족
추장에서 칸 자리에
올라 청나라 발전의
기틀을 세웠다.

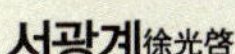

서광계徐光啓

명 말기의 뛰어난
정치가이자 학자. 관직은
예부상서에 이르렀다.
마테오 리치와 『기하학
원본』을 번역하고,
『농정전서農政全書』를
편찬해 농업을
집대성했다.

마테오 리치|Matteo Ricci

이탈리아 예수회의
선교사이자 학자.
만력 연간에 북경에
거주하며 가톨릭
포교에 힘썼다.

사가법史可法

명의 충신.
이자성李自成의 난으로
의종이 자진하자 명의
부흥을 꾀했으나
실패하고 말았다.

좌광두左光斗

명의 관원으로
사가법의 스승이다.
환관 위충현魏忠賢에게
대항하다가 옥에 갇혀
모진 고문을 받고 죽었다.

시대별지도
明
후금後金
타타르
살이호薩爾滸
북경北京
산해관山海關
영원寧遠
토목보土木堡
산동山東
섬서陜西
산서山西
하남河南
남경南京
明
파양호鄱陽湖
사천四川
절강浙江
강서江西
호광湖廣
귀주貴州
복건福建
운남雲南
대만도臺灣
광서廣西
광동廣東
N
S
E
W

탕현조의 걸작 「모란정」

1591년, 남경 예부주사 탕현조는 신종神宗에게 내각 수보대신 신시행申時行이 개인적인 기준으로 관리를 임면한다고 탄핵하는 상소를 올렸는데 신종은 이에 노발대발하며 그를 서문전사로 유배 보냈다. 2년 후, 탕현조는 수창지현으로 부임했다.

15

결정했소. 내일 관직을 버리고 고향 임천으로 돌아갑시다!
네?

임천

이부에 일손이 모자라고 폐하도 새로 관원을 임명하기 싫어서
내가 올린 사직서는 아무도 거들떠보지 않더구려.

하는 수 없이 휴가를 신청했소. 그래서 아직 지현이라는 허울뿐인 관직은 남아 있소.

조정이 왜 그리 엉망인가요?
폐하가 조회에 나오지 않아서 그런 것만은 아니오.

아무튼 한가로이 집에서 놀 때 희곡이나 좀 써야겠소!

당시 사교장 역할을 한 다관茶館에서는 희곡 작품 공연이 크게 유행했다.

얼쑤, 그 양주성에 천금소저가 살았으니 이름은 풍천천이라!

하루는 풍 아씨가 뒤뜰에서 한 도령을 만났는데 애모의 정이 싹터 이때부터 상사병에 걸렸더라!
풍 아씨는 결국 병으로 쓰러져 안타깝게 일어나지 못했으니.
아, 미인 박명이구나!

누가 알았으랴, 하루는 이 도령이 말을 타고 풍 아씨의 무덤을 지나는데 풍 아씨의 혼령이 돌연 나타났고
앗!

도령은 풍 아씨를
보고 배필이라 여겨
그녀의 집을 찾아가
혼담을 꺼내는데!
탁—

사람과 귀신은
길이 달라 풍 아씨와
도령은 영원히 함께
할 수 없었구나!
흑, 너무
슬픈 사랑
이야기야!

풍 아씨가 미인이
아니었다면 도령이
좋아했을까요?
당연히
아니죠!

그럼 도령은 풍 아씨를
사랑한 게 아니라 미색을
탐했을 뿐이니 진정한
사랑이라 할 수 없소!

지금 아가씨들은 문밖으로 나오지도 못하는데 남자와 진심으로 사랑을 나눌 기회나 있겠소?
그래서 대부분의 사랑 이야기가 첫눈에 반하는 빤한 틀에서 벗어나지 못하는 거지요.

그렇다면 내가 꼭 진정한 사랑 이야기를 쓰고 말리다!

탕형, 이 소설 좀 읽어 보시오!

『두여낭모색환혼
杜麗娘慕色還魂』?

이 책이 며칠 전 우리가 다관에서 들었던 이야기와 얼추 비슷하오.
오, 꼭 봐야겠는걸!

한데 유몽매는 임안부윤이라 두여낭이 그를 보고 집안이 엇비슷해 사모의 정이 생긴다?
이런 인물 구도는 너무 통속적이야.

서생 유몽매와 남안 태수의 딸 두여낭의 사랑 이야기는 정말 훌륭해. 극본으로 고쳐도 되겠어!

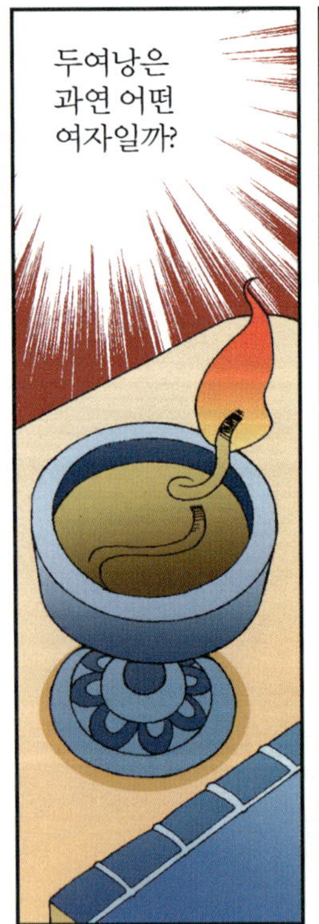

두여낭은 과연 어떤 여자일까?

졸리네. 잠깐 눈 좀 부치고 다시 생각해 보자.

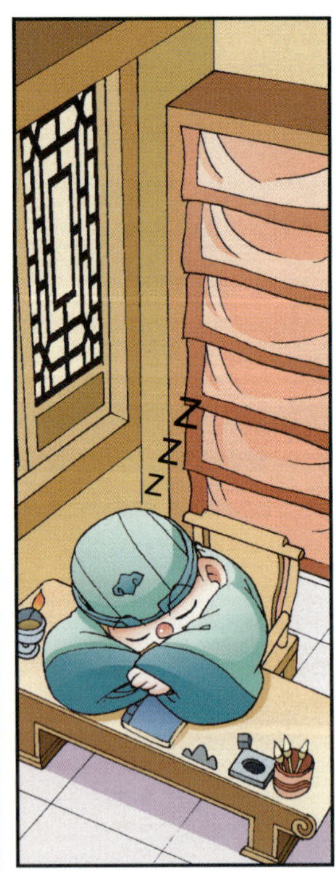

아침엔 구름 날고 저녁엔 비 걷히고, 구름 노을 위로 우뚝 푸른 기와집, 비는 주룩주룩 바람은 살랑살랑, 안개 낀 물결 그림 같은 유람선. 정말 아름다운 풍경이야!
한 폭의 그림 같아~♥
아씨, 얼른 들어가세요. 몰래 화원에 나온 걸 어르신께 들키면 다리몽둥이가 부러질지도 모른다고요.
이렇게 아름다운 봄 경치를 감상하는데 혼나는 게 대수냐!

아, 꿈이
었구나……

두여낭은 사랑과
미움을 과감하게
표출할 줄 아는
아가씨라고!
유몽매도 정이
많으면서 강직
해야 두여낭에게
어울리겠군!

그래, 내가
그리고 싶었던
두여낭은 예교의
속박에서 벗어나
자유를 갈망하는
인물이야.

방금 꿈속에서
본 두여낭은 꼭
유몽매와 사랑에
빠질 것만
같았어!

탕현조는 곧 유몽매와 두여낭의 사랑 이야기인 「모란정」을 쓰고 이를 무대 위에 올렸다.

아가씨!
어머!

소생 유몽매, 아가씨가 시문에 정통하다고 들었는데 저를 위해 시를 한 수 지어 주시겠습니까?
도련님과 전 일면식도 없는데 왜 시를 지어 달라고 하시나요?

소생이 꽃처럼 아리따운 그대가 보고 싶어
매일 조바심이 났는데 아가씨는 늘 규방에 갇혀 있던 걸요?

나랑 갑시다!
어디로요?
저기 멋진 돌이 있는 곳으로요!
앗!
번쩍!

빨리 내려 주세요!
다다다
두여낭이 유몽매의 행동에 깜짝 놀랐을까?
어디? 둘이 어떻게 됐는지 보라고.

맞아, 이미 둘의 속마음은 서로 통하고 있다고!

여낭, 피곤해 보이니 일찍 들어가 쉬구려.

푹 쉬어요. 다시 보러 올게요!
살랑~
네!

와, 이 정원 공연은 너무 멋지다!
두여낭은 정말 사랑스런 여자야.
맞아!

가…가지 마세요!

애야, 왜 그러니?

* **서상기**西廂記
　원의 왕실보王實甫가 쓴 잡극. 최앵앵과 장생이 봉건 예교에 반대하고 사랑을 쟁취한다는 내용으로 민간에서 큰 사랑을 받았다.

세상의 편견에 맞선 이단아, 이탁오

명 신종 때 인물인 이탁오는 유교적 권위에 반기를 든 혁명적인 사상가였다.

1581년, 이탁오는 관직을 사임하고 친한 친구인 경정리 집에 기거하며 책을 읽고 작품을 저술했다. 이따금 주사구 태수 등을 만나 함께 학문을 논하기도 했다.

나와 이탁오 모두 예교의 속박에서 벗어나고 싶어 하지.

자네는 진정한 지기일세!
하하!
훈훈~

경 상서, 무슨 일로 이리 화를 내십니까?
경정향

이탁오, 자네가 어떻게 공자를 깔아뭉갤 수가 있나?

주희 왈, 하늘이 공자를 내지 않았다면 만고의 세월이 칠흑 같은 밤처럼 어두웠을 것이라 했네.
그럼 공자가 태어나기 전 사람들은 초를 밝혀 길을 걸었답니까?
헷~

공자의 학설이 뭐가 대단합니까. 다만 학자들이 신격화했을 뿐이죠.

공자의 학설은 인을 주로 삼고, 인은……
하암…

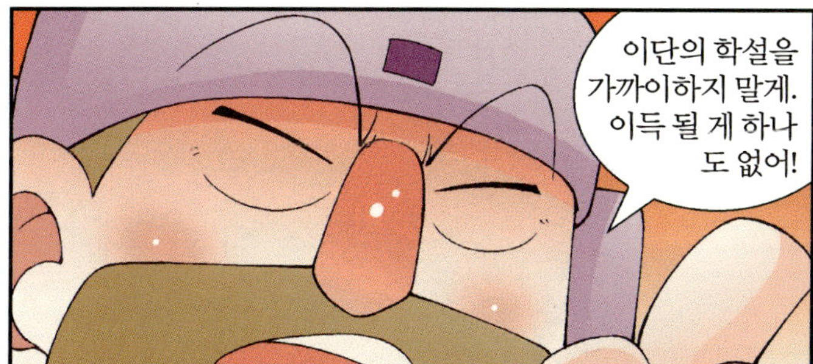

이단의 학설을 가까이하지 말게. 이득 될 게 하나도 없어!

이런!! 어른이 충고하는데 잠을 자?!
드르렁~

나리! 둘째 어르신이 갑자기 중병에 걸리셨답니다!
뭐라고?

이탁오는 경정리가 쓰러졌다는 얘기 듣고 부리나케 문병을 갔다.

이탁오, 자네가 내 형과 불화하여 내가 죽으면 분명 자네를 쫓아낼 텐데……

그런 쓸데없는 걱정 말고 빨리 건강이나 회복하게.

내 몸은 내가 잘 아네. 거리로 나앉지 않으려면 미리 준비하게.
고마우이.

휘릭―
복(福)
휙

이탁오,
자네에게 할
말이 있네.

무슨 말을 하시
려는지 압니다.
당장 짐을 싸겠
습니다!
그래 주면
가장 좋고.
눈치는
있구면.

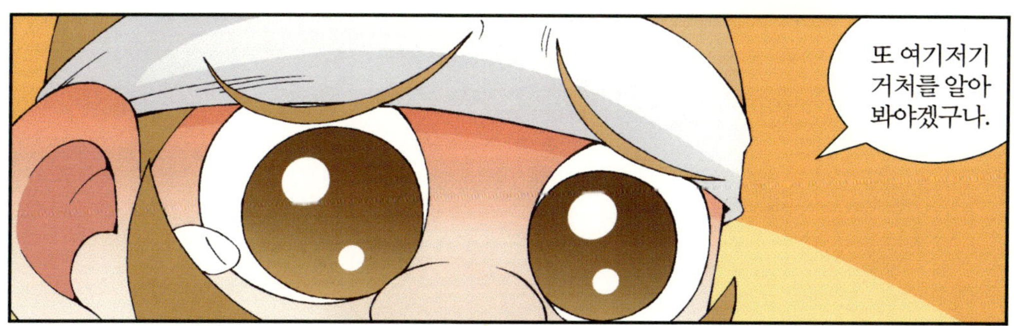

또 여기저기
거처를 알아
봐야겠구나.

경정리가 죽고 1586년, 이탁오는 거처를 유마암으로 옮겼다.

머리를 빡빡 깎다니? 승려가 될 생각인가?

난 부처를 믿지 않고 고기도 먹는데 출가는 무슨?
출가할 것도 아닌데 머리는 왜 깎았나? 이도 저도 아니게.

유마암은 사람의 왕래가 많아 책을 쓰기 적합지 않아. 환경이 아늑한 용담호의 지불 상원으로 거처를 옮기게.

사람들이 날 이단이라 부르니 그냥 이단이 되려 하네. 책을 몇 권 써서 공맹의 도나 실컷 비판해야지.

용담호

만약 즐거움을 좇아 세상 사람을 기쁘게 하려 한다면, 헛되이 육신만 피로하고 정신을 손상시키네. 몇 해 동안 적막하여 사람들을 따라 쏘다니니, 다만 좀 미친 듯한 이 늙은이뿐이로구나.

와, 정말 멋진 묘사예요!
짝짝—

사람들 눈에 우리는 정통 사상에 위배된 부류라서…
온 세상이 흐리지만 나 홀로 맑고, 모두가 취했지만 나 홀로 깨어 있습니다!
나는 사람들의 비난을 개의치 않고 너희 여인들을 제자로 받아들였지만 세상은 우리가 풍속을 문란케 했다고 모욕하는구나.

나는 너희들이 가족에게까지 비난을 받을까 걱정이다.
걱정 마세요. 저희는 세상의 편견 따위에 뜻을 굽히지 않을 거예요!
저희도 스승님처럼 책을 써서 여자는 재주가 없고
오직 부덕만 지니면 된다는 세속의 관념을 바꾸고 싶어요!

여자와 남자의 재능에는 전혀 차이가 없다. 여자도 규방을 나온다면 세상을 깜짝 놀라게 할 업적을 이룰 수 있다!

이청조, 주숙진의 사(詞)는 동시대 남자 문인들과 견주어도 결코 뒤지지 않았어!
평양공주, 양홍옥은 남자들 못지않게 혁혁한 전공을 세웠잖아?

여자는 남자의 부속품이 아니에요!
언젠간 세상의 남자들이 여자를 바로 볼 날이 올 거예요!

내가 『분서焚書』를 쓰려 하는데 여성 차별을 고발하는 글을 넣겠다!
'분서'요? 이름이 특이 하네요?
『분서』는 조정에서 정통으로 여기는 주리학을 비판하는 책이라 분명 금서가 될 것이다.

『분서』는 이단의 학설을 말하고 있어.
이탁오가 계속 요상한 말로 대중을 현혹하게 놔둘 수 없다. 꼭 옥에 가두고 말 테다!

이탁오가 사원에서 젊은 여자들과 그렇고 그런 짓을 한다는 소문도 있습니다.
딱 걸렸군. 양갓집 부녀자를 꾄 죄는 결코 가볍지 않다.
크큭―

경정향은 궁으로 들어가 신종에게 이탁오의 죄행을 낱낱이 열거했다.

세상에 어찌 이런 이단아가 있단 말이냐?

대신들도 모두 그의 책을 보았습니다.

금의위에 명해 이탁오를 가두고 그의 저서를 모두 불살라 버려라!
예, 폐하!

올해도 죽지 않고
내년에도 죽지 않고
해마다 죽음을 기다려도
죽음은 오지 않고
오히려 화를 당하네!
울분

해마다 책의 노예라
비웃으니, 세상살이
뜻밖에 처녀와 같네.
세상에 그 누가 책을
읽지 않으랴마는 책의
노예는 오히려 독서
때문에 죽는구나.

판결문이
내려왔소.
원적지로
압송돼 현지 관원
의 감시를 받게
될 것이오.

나 보고 평생
간혀 지내라고?
차라리 통쾌하게
죽는 게 낫겠어!

옥졸 나리,
머리를 깎으려 하는
데 면도칼 좀 빌려
주시오.

그러리다.

일흔여섯
이면 살 만큼
살았다.

베지 않게
조심하시오.

알겠소
……

허나 오늘은 이
면도칼로 머리카락
말고 목을 그어야
할 것 같소.

헉! 자진할
셈이오?

1602년, 이탁오는 면도칼로
자신의 생애를 마감했다.

焚書

신종이 그의 저서를 금서로
명했지만 그의 작품은 널리
전파되어 사람들 마음속에
깊이 파고들었다.

명이 조선에 구원병을 파견하다 上

1592년, 일본의 통치자인 관백* 풍신수길이 군대를 파견해 조선을 침략했다. 조선 군대는 여지없이 참패하고 국왕 선조는 압록강 변까지 도망가 명에 구원을 요청했다.

---

* 관백關白
과거 일본에서 왕을 내세워 실질적인 정권을 잡았던 막부의 우두머리.

허홍강의 말이 옳소. 조선이 알아서 해결해야 할 일을 왜 우리가 신경 씁니까?
긁어 부스럼을 만들 필요는 없소이다!
쩝, 폐하의 명이라면 따라야지 별수 없군.
흠흠!
폐하께서 출병을 결정 하셨소!
조정에는 코빼기도 안 보이시더만 웬 뚱딴지 같은 결정을!
옳지, 드디어 출병 하는구나!
자기가 왜 설레발??
방ー 방ー

40

명나라 조정

왜구의 야심은 조선에 그치지 않고 다음으로 명을 노릴 것이니 나라 밖에서 적을 막아야만 하오!

그래서 파병하기로 결정했소!

석성, 송응창은 따로 출병을 준비하시오.
신이 폐하의 기대를 저버리지 않겠습니다.
폐하, 조선의 형세가 매우 위태롭긴 하지만 당장 출병하기 어렵습니다.
왜요?

*이여송李如松
　명의 장수로 임진왜란 때 조선에 구원병을 이끌고 참전했다.

42

괜한 만용을 부리다가 골치 아픈 문제를 떠안게 됐어. 이제 어쩌지?
안절
부절

당장 출병할 수 없다면 먼저 왜구와 협상을 벌여 시간을 끄십시오.
왜구가 바본 줄 아느냐? 아군이 국경으로 이동하는 데 누가 협상한다고 믿겠느냐?

그런 자가 있다면 왜구에게 한번 보내 보자.

심유경이란 자가 있는데 왜구 말에 능통하고 허풍이 세서 귀신도 속인다고 합니다.
그래?

이에 심유경은 왜구와의 담판 임무를 띠고 조선에 파견되었다.
明

명의 사신 심유경, 조선 국왕을 알현합니다.
명의 원군이 오지 않아서 내가 압록강까지 쫓기는 신세가 됐소.

걱정 마십시오. 원군은 곧 도착하고 족히 70만은 됩니다.
明
정말이오?

하지만 폐하께서 그 전에 일본에게 화친할 기회를 주고자 먼저 저를 보냈습니다.

물론 조선이 심유경의 말을 온전히 신뢰한 것은 아니었다.

* **소서행장**小西行長(고니시 유키나가)
임진왜란 당시 왜군의 선봉장이었던 무장.

유성룡, 그가 사기꾼이란 증거가 있소?
증거는 없습니다만 느낌이 좋지 않습니다.

휴, 명의 원군이 언제 올지 모르는데 그를 믿는 것 말고 달리 방도가 없잖소?

제가 평양으로 가 소서행장을 만나고 오겠습니다.
부디 잘 부탁드리오.

저자의 사기 행각이 드러나면 눈 하나 깜빡이지 않고 사람을 죽이는 소서행장이 가만두지 않겠지?

다다다

저자를 믿지 못하겠으니 몰래 따라가 보겠습니다.
미행을?

심유경이 정말 평양으로 들어가는지만 확인하겠습니다.
좋소, 그리하시오.

대인, 심유경이 평양성으로 들어갑니다!

소서행장이
무사까지 보내 맞이
한 걸 보면 거짓은
아닌 것 같군.
저벅
저벅
오해였나?

심유경이
나옵니다!

허풍이 아니
었나? 소서행장
이 직접 마중까지
나왔어!

다음날
어제 심 대인이 많은 군사들 앞에서 얼굴색 하나 변하지 않는 걸 보고 소서행장이 탄복해 저를 보내 경의를 표하게 했습니다.
당연하지!
쓸데없는 소리 말고, 그대들의 조건을 폐하께 전하겠소.
폐하께서 회답하기 전에 이 약속은 꼭 지키시오!

무슨 약속 말입니까?
평양에서 철수하고 조선 침공을 멈추는 것 말이오!
양군의 마찰을 피하기 위해 조선 군대도 평양에 들어가지 않겠소.

그건 아무 문제도 안 됩니다. 돌아가 소서행장에게 아뢰고 평양에서 철군 하겠소.
그럼 부탁 하리다.

49

아이고, 심 대인은 정말 우리의 은인입니다!
하하, 이 정도야 뭘.

먼저 귀국할 테니 대왕은 좋은 소식을 기다리십시오!

심유경은 속히 명나라로 돌아가 협상 내용을 송응창에게 보고했다.

송 대인, 왜구가 정전에 동의해 평양을 조선에 돌려주고 대동강을 국경으로 삼기로 했습니다.

허튼소리 마라! 왜구에게 가서 조선에서 완전히 철수하지 않으면 협상은 없다고 전해라!
네? 이미 얘기가 다 끝났는데 지금 와서 어떻게 바꿉니까?

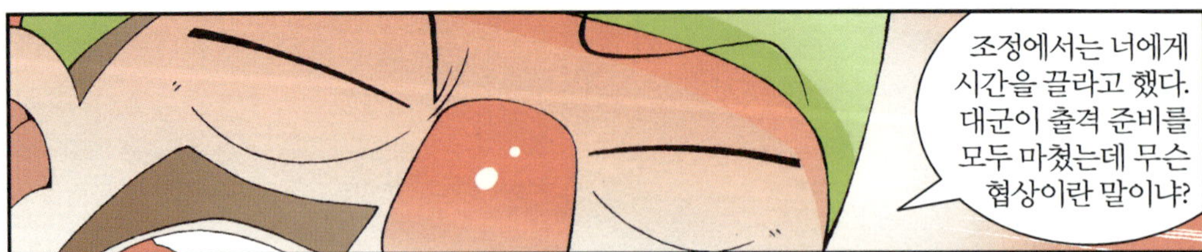

조정에서는 너에게 시간을 끌라고 했다. 대군이 출격 준비를 모두 마쳤는데 무슨 협상이란 말이냐?

명이 조선에 구원병을 파견하다 中

조선에 주둔한 왜군이 10만인데 아군은 겨우 4만이라 전쟁이 나면 불리합니다.

장군, 잠시만!

필요 없다! 요상한 말로 군심을 어지럽히는 저자의 목을 베어라!
네?

속닥속닥

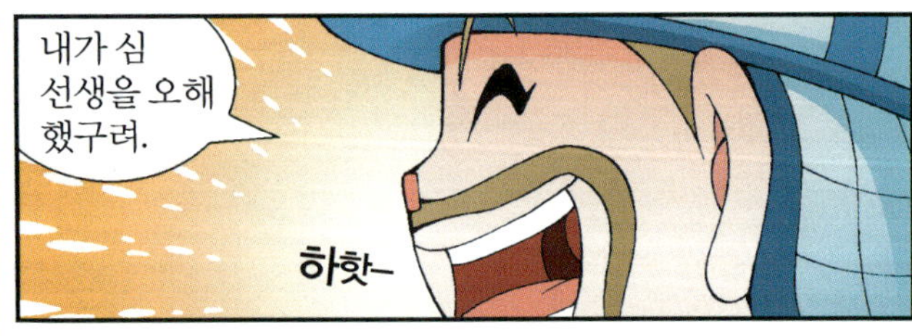

내가 심 선생을 오해했구려.
하핫~

양국의 평화를 위해 불철주야 노력하시는 선생이 왜구를 찾아가 협상을 진행해 주시오!
명에 따르겠습니다!

다다다
왜

훌륭한 계략이다.
심유경을 보내면
왜구는 우리가 협상
을 하려는 줄 알
테니까.

맞습니다. 그 틈을
타 우리가 기습하면
왜구는 손도 못 쓰고
당하게 됩니다.
하하!

평양성

둥둥
둥둥

왜구의 환영 방법이 참 기괴하구나.
성문이 활짝 열린 지금이 평양성을 탈환할 기회입니다!

왜군의 모습이 꼭 귀신 같아. 너무 무서워.
혹시 귀신을 부르는 의식을 거행하는 것 아닐까?

전군 돌격!

명군이 쳐들어온다! 빨리 성문을 닫아라!

병사들이 왜 따라오지 않지?
어? 무슨 일이지?

이여송은 비록 평양 탈환에 실패했지만 이후 야금야금 쳐들어가 한양까지 진격했다. 그러나 명군은 군비 지출이 너무 많아지자 왜구와 2차 협상에 돌입했다.

이번에는 진짜입니다!
믿어보시라니깐!
그럼 포로로 잡은 조선 왕자와 관원을 모두 풀어 주면 되겠소?
이 정도면 괜찮은데.
아군이 한양에서 철수해 연해의 몇 개 거점에 머물 테니 명군도 조선에서 철수하시오.
그건 너무 불공평하지 않습니까?
명도 성의를 표하는 뜻으로 일본 관백에게 정식으로 사자를 보내시오!
정식으로요? 그럼 저는?
그건 굳이 말하지 않아도 ……

명군 진영

수고가 많았다.
왜구의 조건을 전부
수용하겠다.
정말로요?

그만 돌아가
쉬도록 해라!
감사합니다,
송 대인!

조선에 평화가
유지되면 난 일
등공신이다!
히죽—

왜구와
협상을 하자
고요?
나도 모르겠소.
시간을 좀 벌어 놔
야지, 계속 싸우다
간 군비를 감당할
수 없소이다.

흥, 어떻게
협상을 하든 난
절대 철군할
생각이 없소!
나더러
어쩌라고…

뽀족한 수가 없었던 송응창은 결국 왜구를 찾아가 협상을 마무리짓고 돌아왔다.

사용자, 서일관, 너희가 일본에 한번 다녀와라.
힉―

협약에 따라 우리가 왜국에 사신을 파견해야 하오.
페하께 아뢸 시간이 없으니 두 명을 골라서 보냅시다.

전 왜국 말을 몰라서 아무것도 할 수 없습니다.
왜국 말은 커녕 한자도 모르는데요.

끙……
걱정 마라. 왜국 말을 하는 심유경을 딸려 보내겠다.

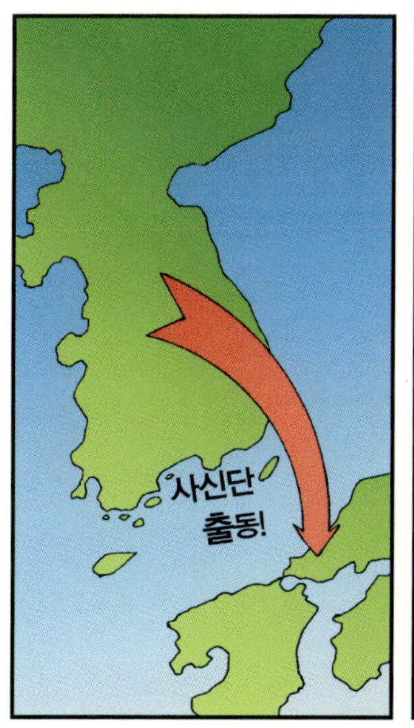

사신단
출동!

관백
대인을 뵙습
니다!
Welcome~
귀한 명의
사신을 환영
합니다!

내 일찍 소서
행장으로부터
심 선생의 명성을
들었소이다.
풍신수길

헌데 옆에
두 분은 누구
신지……
제 수행원입
니다. 왜국 말을
모르니 신경 쓰지
마십시오.
오,
그렇군요.

싸움을 질질 끌어봤자 서로에게 이득이 없으니 잘 얘기해 봅시다.
알겠 습니다!
대체 뭐라는 건지…

양국의 영원한 평화를 위해 명은 일본 천황에게 공주를 시집보 내시오!
문제없 습니다!

정말 시원 시원해서 좋구려!
어쨌든 난 정식 사신이 아니니까 아무 요구나 들어줘도 손해 볼 건 없다.

조선은 4개 도를 일본에 할양하고 영원히 배신하지 않는다고 선언 하시오!
반드시 그리하겠 습니다!
콜!

조선은 왕자를 일본에 인질로 보내시오!
물론입죠!

우리 일본은 모든 조건에 흔쾌히 응한 심 선생을 영원 히 잊지 않겠소!

관백은 좋은 소식을 기다리 십시오.
소서행장에게 이 일을 알리고 양국 간에 조속히 평화 조약이 체결 되길 바라겠소!

북경
석성 대인!
폐하께서 협상이 어찌 됐는지 여쭤 보신다.

다 잘됐습니다. 제 권고로 왜구가 철군에 동의했습니다.

왜구가 철군 하면서 아무런 조건도 내걸지 않았다고?
명이 대군을 보내 왜국을 공격할 것이라고 위협했더니 순순히 말을 듣더군요.

오, 훌륭하다. 폐하께서 곧 큰 상을 내릴 것이다!
감사합니다, 대인!

1593년 7월, 양쪽을 오가며 거짓말을 한 심유경의 조정으로 명과 일본은 주력부대를 조선에서 철수시켰다.

명이 조선에 구원병을 파견하다 下

조선에 평화가 지속된 지 약 1년 반이 지난 1594년 12월에 소서행장은 측근 소서비를 명에 사신으로 파견해 심유경이 응낙한 약속 이행을 요구했다.

이곳은 명의 땅이라 괜한 말썽을 일으키면 안 된다.

폐하께서 관백 풍신수길을 일본 국왕에 책봉한다고 전하시오.
네?

그럼 귀국의 조건은……
왜국이 군대를 모두 철수하고 다시는 조선을 침범하지 않기로 했잖소?

명의 사자가 관백이 제시한 조건을 모두 들어준다고 했는데 어찌된 일이지?

이 조건에 응할 거요 말 거요? 아니면 계속 싸웁시다!
응하겠습니다!
억박!
당연히 그래야지.

아무 말이나 늘어놓으면 어떡하오?
일본이 이 조건을 받아들이겠소?

일본 사신에게 다시 묻고 실수 없도록 하시오!
예, 폐하!

잠깐만!

조지고와 함께 가시오.

이쪽은 내각 대학사 조 대인이오.
솔직하게 대답해 주면 되오.

왜군이 조선에서 완전히 철수한단 약속을 지킬 수 있소?
물론 입니다.

그런데, 왜국이 한양 남방을 장악 하고 있는데 조건 없이 포기한다는 게 이해가 되지 않소.
설명해봐 봐~

우리는 명을 흠모해 상을 내려 주길 바랄 뿐 어찌 명에 대항하겠 습니까?
지당한 얘기 구려. 하찮은 왜국이 명의 대군을 당해낼 리 없지.
굽신 굽신

이건 조선에 출정한 장수 명단 입니다. 명의 황제 께서 상을 내려 주십시오.
그러도록 하리다.

물어보니 왜국은 확실히 철군에 동의했습니다.
그렇단 말이지?

그럼 임회후 이종성과 도지휘 양방형을 왜국에 파견하시오.
양국 사이를 분주히 오간 심유경은 어떡할까요?
맞구려, 그도 함께 보내시오.

이종성 일행은 일본에 사신으로 가기 위해 먼저 조선으로 들어갔다.
양국이 협약을 체결하면 그대가 일등공신이 될 테니 나중에 잘 좀 봐주게.
별말씀을요.

왜 소서비가 협상 내용을 사실대로 말하지 않았지?
일본에 가면 거짓말이 모두 들통 날 텐데……

조선

이종성 대인, 드릴 말씀이 있소이다!

무슨 일이오?
제가 협상 내막을 알고 있는데 모두 심유경에게 속고 있습니다.

알려줘서 고맙소. 얼떨결에 일본에 갔다가 목이 달아날 뻔했구려!

실은…
뭐요?

양 대인, 큰일 났습니다. 이 대인이 짐을 싸서 사라졌습니다!
뭐?!

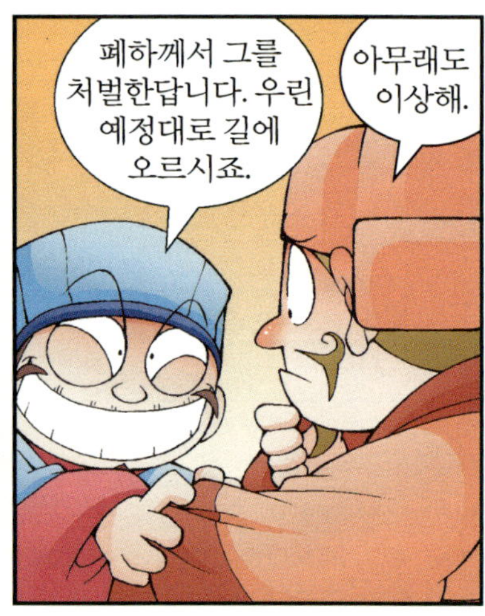

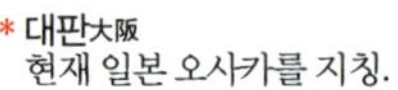

* 대판大阪
현재 일본 오사카를 지칭.

까악—

양국의 우호 증진을 위해 우리 모두 명의 복장을 입었소.
정말 세심하십니다.

대사, 명의 황제가 보낸 조서를 읽어 보시오.
어서 어서~

천명을 받들라.
성상의 은혜가
널리 퍼져

그대 풍신수길이
중국의 존귀함을
알고 서쪽으로 사신
을 보내 흠모의
뜻을 표하니

짐이 특별히
그대를 일본
국왕에 봉한다.

뭣?!

그만
읽어라!

국왕 자리는 내
맘대로 오르면
되는데 누구의
책봉이 필요하
단 말이냐?

탁!

죽고 싶지 않으면 당장 꺼져라!
후다닥

네 이놈! 소서행장!

죽을 죄를 졌습니다. 저도 심유경에게 속아서……
쿵!

저놈을 끌어내 목을 베라!
사…살려 주십시오!
후덜덜

조선 전쟁에서 큰 공을 세웠으니 한 번만 너그럽게 용서하십시오!
공을 세워 속죄하도록 하심이 마땅합니다.

시끄러! 당장 조선으로 출격해라. 패한다면 용서는 없다!
명심하겠습니다!

전군은 조선으로 출동하여 명에게 당한 치욕을 씻어라!

1596년 12월, 정유재란이 발발해 신종은 거짓말을 일삼은 심유경을 처형하고 조선에 원군을 보냈다.
전쟁은 풍신수길이 병사할 때까지 2년간 지속되다가 일본이 조선에서 철군하면서 끝이 났다.

살이호 전투에서 후금에게 대패하다

주룩—
주룩—

장군,
비가 많이 내려
행군이 불가능
합니다.

할 수 없지.
그칠 때까지
기다려라.
에잇—

나흘 후
비가 그쳤으니
대군은 즉시
출발한다!

비는 그쳤
는데 이제 눈이
며칠 내릴 것
같습니다.
뭐?

요즘 날씨가 변덕스러우니 조금만 더 기다리시죠.
음……

출전이닷!
평소 군대를 훈련하는 것은 긴급할 때를 대비하기 위함이다. 더는 지체하지 말고 즉각 출병하라!

칸, 명군이 공격해 옵니다!
오, 그래?

명군의 진군 노선을 자세히 보고해라.

예상했던 일이다. 당황하지 마라.
적어도 10만은 돼 보이니 가볍게 여기시면 안 됩니다.

명군이 네 길로 나눠 도성인 혁도아랍으로 진군 중입니다.
그래?

하하, 명군 대장은 그야 말로 바보로 구나!
우리에게 각개격파의 기회를 주다니.

사로군 중 두송의 군대가 선봉에 서서 후금을 향해 진격했다.
다다다

두 장군, 양 경략사가 이상하지 않나요? 이렇게 눈이 많이 내리는데 출병하다니요?

기회로 생각하자. 나머지 삼로군보다 빨리 가서 공을 독차지하는 거야!
……

살이호

며칠을 진군
했는데 여진족
군대가 코빼기도
보이지 않는 게
수상합니다.

다년간의 전투
경험으로 봤을 때
여진족 군대는 이
부근에서 아군의
빈틈을 노리는 게
분명하다.

그럼 빨리
철수하시죠.
나머지 우군과
합세하는 게
안전합니다!
아니다.
여기서 결전을
벌이자!
너는 이곳에
영채를 차려라.
나는 길림에 주둔할
테니 서로 호응이
되자!
예,
장군!

두송이 길림에서 휴식을 취할 무렵……

살이호에서 전투가 벌어졌습니다!

빨리 군사를 모아 구원하러 가자!
예!
Hurry up!

전황을 보자.
와―

큰일이다. 아군이 이미 궤멸됐어!
맙소사!!

군대를 모두 결집 했습니다.
이미 늦었다. 다년간 전투를 치렀지만 이렇게 용맹한 군대는 처음 본다.
그…그럼 어쩌죠?

죽기 살기로 싸울 뿐이다. 군인 이라면 죽음으로 나라에 보답해야 한다!
충
성!

개원에서 출발한 마림
의 부대도 살이호 부
근까지 다다랐다.
明
馬
馬

마 장군,
앞에 도망병
들이 쏟아져
나옵니다.

너희들은
어디 부대인
데 도망쳐
오느냐?

저희는 도망칠
마음이 없었습니
다만 두 장군이
전사하시는
바람에…
뭐?

우리가 두송의
군대와 가장
가까워 여진족이
곧 당도할
것입니다!
즉시 여기에
참호를 파고
영루를 견고히
세워라!

우다다

돌격!

헉!

마 장군,
우리를 버리지
마세요!
이랴!
쌔앵~

이때 유정의 군대는 양로군이 참패한 줄 모른 채 적진 깊숙이 들어가 있었다.

하지만 유정의 군대를 기다리고 있던 것은 후금의 군대였다.

와!
큰일이다. 금군의 매복에 걸렸다!

그 병사는?
그는 아군을 가장한 첩자가 분명합니다! 젠장!!

일이 이렇게 됐으니 싸우다 죽으련다!
내 팔자야!

깍―
깍―

이 장군, 행군 속도가 너무 느려 공을 나머지 삼로군에게 다 뺏기겠습니다!
이여백

나는 그들과
공을 다투기 싫다.
안전하기만 하면
그만이다.
……
투지 無

이 장군,
잠깐만요!

앞쪽에서 패잔병
들을 만났는데 두송,
유정, 마림의 군대가
모두 패했다고
합니다!
뭐?

살이호 전투에서 명군
은 참패하고 두송, 유정
이 전사했다. 이후로 후
금이 동북에서 주도권을
쥐면서 명의 영토는 갈
수록 축소되었다.

빨리
철군하자!

서양 문물에 관심이 많았던 서광계

잠시만 기다리세요.
기대—
하하, 라틴어로 돼 있으니 모를 수밖에요.
총 15권으로 되어 있는데 지금 들고 있는 게 제1권입니다.
그럼『기하학 원본』내용을 말씀 해 주시겠어요?
그럼 제1권 내용이라도 얘기 해 주세요.
제발~

전부 꼬부랑 글씨라 뭔 뜻인지……
전부 얘기 하려면 3년이 걸려도 다 못 할 겁니다.
그러죠.

1년 후

리치, 제가 진사에 합격해서 한림원 서길사에 뽑혔어요!
축하 합니다!
콩콩콩~

서길사 주 업무는 문장을 짓는 것이라 시간이 많이 남습니다.

『기하학 원본』은 중국 수학의 부족한 점을 메울 수 있어서 도입이 시급하오.
내가 라틴어를 모르니 그대가 도와주시오.
그 책을 번역한다 고요?

그래서 시간이 날 때 그대와 함께 『기하학 원본』을 번역할까 하오.

분량이 많아서 번역 과정이 꽤 힘들 텐데요.
아무리 어렵고 힘들어도 두렵지 않소!
물론 그대와 함께한다는 전제 하에서요.
하하, 그대의 열정에 나도 두 손 들었소이다.

의기투합한 서광계와 마테오 리치는 『기하학 원본』 번역 작업에 매진했다.

이건 대체 뭐요?
이건 영원히 만날 수 없는 두 직선입니다. 중국 수학에서는 언급된 적이 없죠.

영원히 만날 수 없다는 건 평행한 것이니 평행선이라고 부릅시다!
오, 꼭 맞는 명칭이오!

난 힘들어서 좀 쉬어야겠소. 앞의 여섯 권을 먼저 출판하고 계속 번역합시다.
쉬운 작업이 아니군~

제6권 번역이 곧 끝나 갑니다.
좀 더 분발해서 나머지 아홉 권을 끝냅시다!

앞의 여섯 권이 이미 인쇄에 들어가 곧 출판될 예정이오!

이제 나머지 아홉 권 번역 작업에 들어갑시다!
좋습니다! 쭉 이어나 가야죠.

서 대인,
부친이 돌아가
셨다는 소식
입니다!

뭐라고?

엉엉……
아버지!

너무
상심하지
마십시오.

집으로
돌아가 삼년상을
치러야 해서

『기하학
원본』번역은
잠시 미뤄야
겠습니다.

걱정 말고
다녀오세요.
내 준비하고
기다리리다.

서광계가 상을 지키는 동안 안타깝게도 마테오 리치가 세상을 떠나 『기하학 원본』 번역은 이어나갈 수 없었다.

1882년, 청의 수학자 이선란李善蘭이 『기하학 원본』 나머지 9권을 번역하면서 비로소 중국어판 번역본이 완성되었다.

선생님, 제가 고구마를 가져 왔어요!

'고구마'가 대체 뭔가?
생소~
미주美州에서 남양으로 전파된 식물이에요.

가뭄에 강하고 생산량이 많은 데다 맛도 좋답니다.
그럼 가뭄이 들 때 사람 목숨을 구할 수도 있겠군.
남양의 통치자가 고구마를 보물로 여겨 배에 싣고 나가지 못하게 했는데……
맞습니다. 고구마는 정말 유용한 음식이에요.

한 복건 상인이 고구마를 배의 밧줄에 숨기고 밖에는 진흙을 발라 검사원의 눈을 속였답니다.
그 복건 상인이 집에서 시험 재배에 성공해
이듬해 복건에 가뭄이 들어 다른 작물들은 흉작이 었는데 고구마만 풍작이었답니다.

많은 복건 사람들이 고구마를 심었겠구나.
예. 현재 복건 일대는 집집마다 고구마를 심고 있습니다.

고구마 종자를 얻어올 수 있느냐?
이 고구마 자체가 종자입니다.

강남도 항상 흉년이 드는데 고구마를 들여 오면 좋겠어.
상중인 기간에 한번 시험해 봐야겠다.

농작물을 심기 딱 좋은 날씨구나!

가서 고구마를 가져 와라. 내 직접 심어 봐야겠다.
예!
대인, 어쩌죠?
왜 그러느냐?

고구마가 다 썩었습니다.
뭐?

몇 개는 괜찮아 보이는데 한번 심어 볼까요?

서광계는 고구마를 심고 정성껏 키워 마침내 수확을 하게 됐는데…

왜 이러지?
내 제자가 고구마는 생장력이 강하다던데 ……

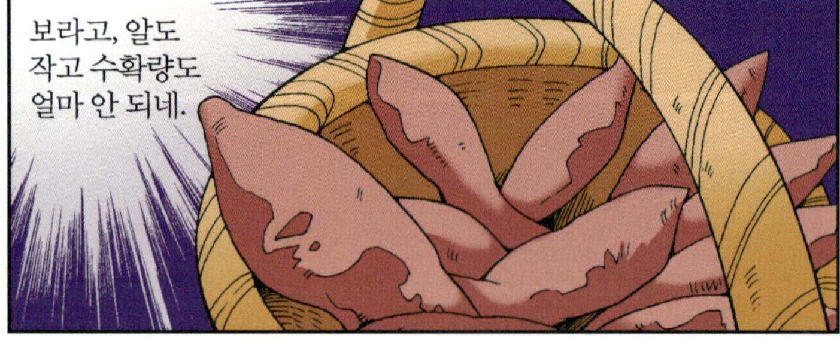

보라고, 알도 작고 수확량도 얼마 안 되네.

고구마는 따뜻하고 건조한 날씨가 맞으니 복건에서 자라기 딱 좋네.
강남은 날씨가 차고 습해 키우기 어렵다고.

강남에서 고구마를 재배하기란 여간 어려운 일이 아니네.
난 포기 안 하네. 꼭 성공해서 자네에게 보여주지!
의지 쨍

분명 고구마를 심기 전에 보관을 잘못 해서 수확량이 떨어진 걸 거야.
제자에게 고구마를 좀 더 보내 달라고 해야겠다.
서광계, 자네?

이듬해 서광계가 심은 고구마가 풍년이 들어 강남 일대에서도 고구마를 재배하기 시작했다. 서광계는 삼년상을 마친 후 북방으로 가 고구마를 널리 보급했다.

또한 서광계는 천문역법과 군사 방면에서도 탁월한 업적을 이뤄 서양 문물을 들여오는 데 선구자 역할을 했다.

98

진정한 사제의 정, 좌광두와 사가법

객방에 서생 한 명이 자고 있습니다.
지금 도성으로 가는 서생이라면 과거 시험을 치르려는 게 분명하다.
좌 대인이 이번 시험의 감독관인 걸 알면 자다가도 벌떡 일어날 텐데요.

초를 보니 밤새 책을 읽다가 잠이 든 것 같구나.
이름이 사가법이군.
음, 이건 …?

오, 훌륭한 글이로구나!

우리 동림당은 집안일, 나랏일, 천하 일에 모두 관심을 가지자는 신념을 갖고 있지.
이 사가법은 나이는 어려도 문장이 뛰어나고 천하를 걱정하는 마음을 가졌다!

왜 그리 기뻐하십니까?
나라의 인재를 발견했다!

그럼 과거 시험에서 그를 발탁하십시오.
음……
사륵~

대인, 직접 외투까지…
살포시~

그 후 사가법은 과거 시험에서 일등을 했고, 좌광두와 사제의 연을 맺었다.
이번 과거에서 장원 급제한 건 다 스승님이 발탁해 주신 덕분입니다.

아니다.
무엇보다 네 재능이 뛰어났기 때문이다.

내 아들들은 자질이 평범해 내 사업을 이을 사람은 바로 너다!

제자, 스승님의 기대를 저버리지 않겠습니다!

*위충현魏忠賢
명 말기의 환관으로 희종의 총애를 받아 권력을 차지하고 동림당을 박해했다.

악!
착!
좌악!
그만……
원하는 건 뭐든
말하겠다.
진즉 그랬
어야지. 괜히
몸만 상하지
않았느냐.
……
양연이
뇌물을 받았다고
자백하기만 하면
풀어 주겠다.
빨리 불어

이 세상에는 오직 법을 어기는 엄당만 있을 뿐이다!
어림없어—

내 저놈을… 죽을 때까지 매질을 가해라!

됐다. 자백 하지 않으면 진술서를 조작 하면 된다.
예!

그러다가 정말 죽을지도 모릅니다.

어딜 감히! 내 죽어 염라대왕 앞에서 네 죄를 물을 것이다!
버럭!

좌광두가 옥에 갇히자 사가법은 옥졸에게 뇌물을 주며 스승을 만나게 해 달라고 애원했다.

스승님
……
누구냐?
저 사가법
입니다!

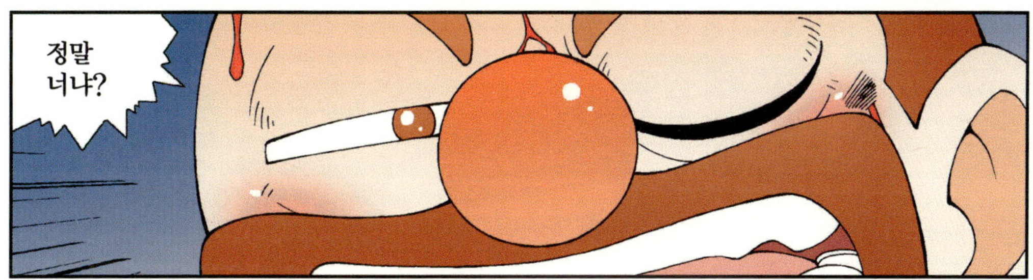

정말
너냐?

이 쓸모
없는 놈!
왜 그러
세요?
툭―

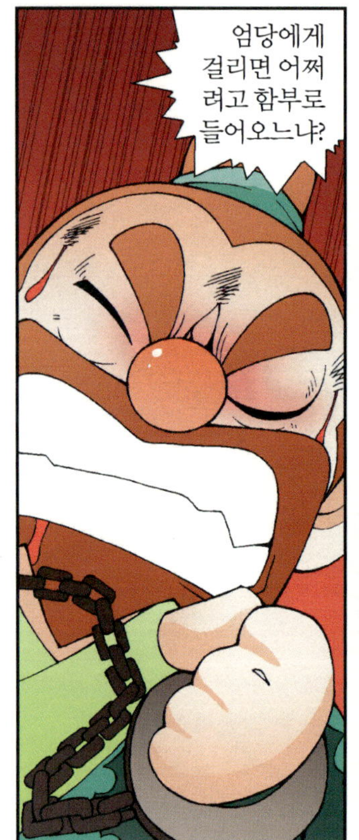

며칠 후 좌광두는 양연과 함께 위충현에게 죽임을 당하고 말았다. 사가법은 옥졸을 매수해 스승의 시신을 거둬 장사지내 주었다.

20년이 지난 1644년, 청나라의 공격에 명나라가 멸망하고 남경에 남명南明 정권이 수립되었다. 이듬해 청군이 남경을 향해 대거 남하하자 사가법은 홀로 양주성을 지키며 청군을 막아냈다.

사 장군, 적군이 들이닥쳐 다른 부대는 다 도망가고 이 양주만 남았습니다.

마지막 한 사람이 남을 때까지 싸울 것이다!

양주에는 얼마 만에 내린 눈이냐?
몇 년 됐죠.
남명南明

예전에 눈이 내리던 날 스승님과 내가 처음 만났다.
아~ 스승님!

얘기는 나중에
하시고 안으로
들어가 눈을
피하시지요.

먼저 들어
가라. 난 좀 더
있다 가겠다.
예···

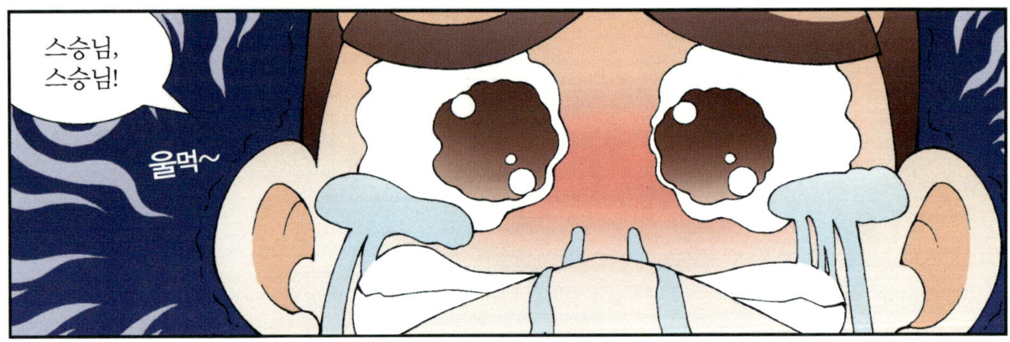

스승님,
스승님!
울먹~

나라가 이
지경이 돼 스승
님께 면목이
없습니다!

사가법은 끝까지 양주를
지키다가 순국하여 좌광
두가 부탁한 임무를 죽음
으로써 완수했다.

소주 백성들이 환관의 폭정에 맞서 싸우다

위충현 일당은 양연, 좌광두 등 동림당 중신들을 죽이고도 모자라 살생부까지 작성했다. 여기에는 소주의 주순창도 포함되었다.

난 한 푼도 없으니 너희들 맘대로 해라!
이놈을 끌고 가라!

헉!

돈은 저희가 드릴 테니 주 대인을 괴롭히지 말아 주십시오.

호의는 고맙네만 내가 정의를 위해 죽고, 죽어서도 여한이 없으니 돈을 쓸 필요 없네.
마을 사람들이 평소에 대인께 큰 은혜를 입었는데 곤경에 처한 대인을 어찌 모른 척할 수 있겠습니까?

쓸데없는 소리 집어치우고 은 5백 냥을 내면 주순창을 잘 돌봐 주겠다!
5백 냥이오?

그래야지. 여기서 기다릴 테니 빨리 돈을 가져와라!

나는 돈을 내겠소! 없으면 옷과 가축을 잡히겠소!
우리도 내겠소!

자, 여기 5백 냥입니다!
이제 됐냐!

뭐 5백 냥? 난 분명 천 냥이라고 말했다!
왜 이랬다 저랬다 하시오?
소주는 강남의 부유한 지역이라 천 냥도 소소하지.

염치도, 양심도 없구나!
뭐라고?

우리들만으론 상대가 안 되니 내일 성의 사람을 모두 모읍시다!
좋소!

함부로 날뛰지 마라. 주순창이 내 손에 있다.

와!
와!
이튿날

주순창을 석방하라!
풀어 주지 않으면 가지 않겠다!

바깥의 상황은 어떠하냐?

모 순무, 백성이 관가를 에워쌌는데 족히 10만은 됩니다!
헉, 이제 어떡하지?

모일로, 빨리 백성들을 쫓아내라!
네 관할지에서 문제가 생기면 절대 가만두지 않겠다!
탁!
안 된다! 동창에서 명한 일은 절대 거역할 수 없다!
군중의 분노를 막아야 하니 주순창을 놓아주면 어떨까요?

빠리 가서 백성들을 쫓아내라!
…저는 못 하겠습니다.

나와라! 문지병은 나와라!

흥, 도성에 가서 두고 보자!

동창에서 죄인을 체포하는데 쥐새끼들이 웬 소란이냐?

동창이 위충현의 명을 받드는 곳이냐?
무엄하구나! 어디 감히 위 대인의 이름을 함부로 입에 담느냐!
나는 안패위, 이 나라의 당당한 백성이다!

건방진 놈,
한 번만 더
지껄여 봐라!
네 혀를
잘라 버리
겠다!
이 동창의
앞잡이 같은
놈을 봤나!

앞잡이는
죽어라!
퍽─

빨리 대인을
구해라!

동창을
타도하자!
위충현의
엄당을 타도
하자!

가자!

빨리 달아나자!
줄
행
랑

죽어라!
에라이, 나쁜!!
퍽!
퍽!

거참 높이도 올라갔네!

우리도 들보로 올라가자!

목숨만 살려 주십시오!

저리 꺼져라!
죽어랏!
뻥~
으악!

소주 관청

큰일 났습니다! 폭도들이 쳐들어 옵니다!
뭐?

우왕
좌왕
어디로 도망가지? 어디로?

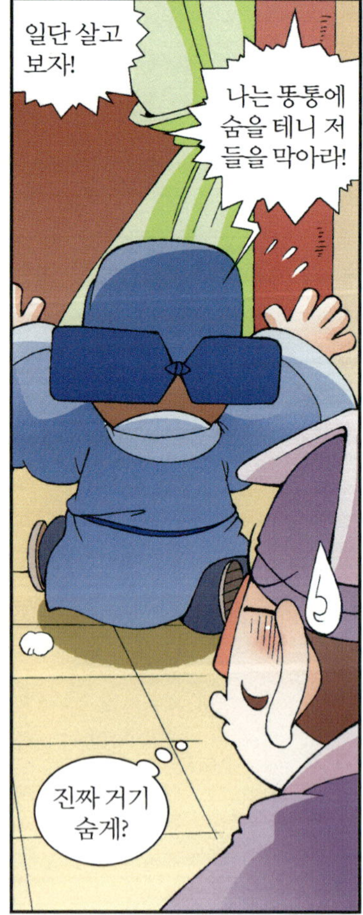

일단 살고 보자!
나는 똥통에 숨을 테니 저들을 막아라!
진짜 거기 숨게?

똥통에 숨으면 절대 못 찾을 겁니다.
뭐라고?!

겨우 목숨을 건진 관원들은 북경으로 돌아와 소주에서 벌어진 시위 사실을 위충현에게 보고했다.

위 대인, 소주 폭도에게 맞아서 이렇게…… 한 명은 죽고 나머지는 불구가 됐습니다.
위충현

폭도들을 대체 어찌해야 하느냐?
군대를 파견해 진압하면 더 큰 분노를 부를까 염려됩니다.

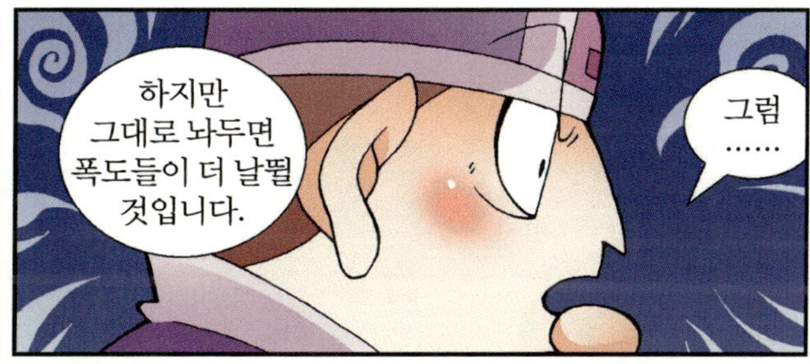

하지만 그대로 놔두면 폭도들이 더 날뛸 것입니다.
그럼……

주동자만 처벌하고 나머지는 모두 풀어 줘라.
현명하십니다!

안패위 등은 당당하게 죽음을 받아들였고, 소주 백성들은 그들을 합장해 주었다. 명의 대문호인 장부張溥는 이들을 기려 「오인묘비기」를 지었다.

下
明

장헌충張獻忠

스스로를 팔대왕八大王이라
부른 농민 기의군 수령이다.
대서大西 정권을 수립하고
이자성과 어깨를 나란히
했으나, 청에게 패하고
전사했다.

원숭환袁崇煥

명말의 저명한 정치가이자
문관 장수이다. 후금에
맞서 산해관 및 요동을
수호했지만 누명을 쓰고
처형되었다.

서하객徐霞客

명의 위대한 지리학자이자
탐험가. 방대한 중국 지리서인
『서하객유기徐霞客遊記』를
남겼다.

주유검朱由檢

명 의종毅宗.
명의 마지막 황제로
숭정제崇禎帝라고도
부른다. 이자성의
농민군이 북경을
점령하자 자진했다.

이자성李自成

명말 농민군의 수령으로
걸출한 군사가이다.
대순大順을 세우고
북경을 점령해 명을
멸망시켰지만
오삼계吳三桂와 청淸의
연합군에 패했다.

도르곤多爾袞

누르하치의 열넷째 아들로
황태극皇太極의 동생이다.
청의 걸출한 정치가이자
군사가로 청이 중국을
지배하는 데 기틀을 닦았다.

후방역侯方域

명말 청초의
문학가.

이향군李香君

명의 기생. 공상임孔尙任은
이향군과 후방역의 사랑
이야기를 기초로 희곡
『도화선桃花扇』을 완성했다.

사가법史可法

명의 충신.
이자성李自成의 난으로
의종이 자진하자 명의
부흥을 꾀했으나
실패하고 말았다.

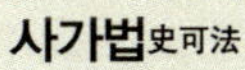

오삼계吳三桂

명말 청초의 저명한 정치가이자
군사가. 명 숭정제 때 요동총병이
되어 산해관을 지켰다. 1644년에
청에 항복하고 청나라 군대가
산해관을 넘도록 도운 공로로
평서왕에 봉해졌다. 1673년,
삼번三藩의 난을 일으켰다.

정성공鄭成功

명말 청초의 군사가로
청에 저항해 명의 부흥
운동을 꾀했다. 대만에서
네덜란드 세력을 물리쳐
민족 영웅으로 추앙받고
있다.

산해관 방어를 자원한 원숭환

살이호 전투 이후 누르하치가 거느린 금군이 동북을 종횡무진하며 살인과 약탈을 저지르자 명군은 산해관 안으로 물러났다. 이에 산해관 바깥은 무주공산이 되고 말았다.

제가 왔습니다!

산해관 바깥을 살피러 갔습니다.
산해관 밖을?

원숭환, 어디 갔다 온 게냐? 제대로 설명 못하면 가만 두지 않겠다!

그곳은 물자가 풍부하고 인구가 많아 버리기 아깝습니다. 저를 보내 주시면 꼭 지켜내겠습니다!

양호, 웅정필, 왕화정이 고전하는 통에 조정에서 아무도 자원하는 사람이 없었는데 잘됐다!

폐하께 이를 아뢰고 그대를 산해관으로 보내겠다!
이 한 몸 바쳐 나라를 지키겠습니다!

북경
京北

산해관을 지키는 병부시랑 왕재진과 잘 협력하게나.
아빠, 나 집에 갈래!

기다려라. 곧 죽으러 가는 저 사람 얼굴이나 많이 봐둬라.
곧 죽는다고요?

그래. 산해관 밖으로 가는데 그곳의 누르하치란 나쁜 놈이 사람을 잡아먹는단다.
살벌~

저 사람처럼 허풍을 떨다간 목숨을 잃는다는 걸 꼭 기억해라!
예……
무셔

원숭환이 산해관에 도착했을 때 한창 공사가 진행 중이었다.

산해관을 지키면 됐지, 왜 밖에 또 성을 짓느냐?

왕재진 대인이 산해관 방어를 강화한다고 명한 일입니다.
으……
아놔!

이런 멍청한!
네?
저벅 저벅

원숭환은 그 길로 왕재진에게 달려갔다.
조정에서 누구도 산해관으로 오려는 대신이 없었는데 이렇게 만나서 반갑소이다!

새로 성을 짓느라 애를 많이 쓰십니다.

솔직히 폐하의 명으로 억지로 왔지만 할 만큼은 해야 하지 않소?
뭐라도 하는 척은 해야지~

송구한 말씀이지만 산해관 밖에 성을 짓는 건 옳지 않습니다.

그러면 산해관 앞의 지뢰나 구덩이가 무슨 소용이 겠습니까?
이건 내가 며칠 밤을 새서 생각한 방법이오!

내가 비록 군사는 잘 모르지만 그대의 가르침은 필요 없소!
문관 주제에 무슨 싸움을 안다고.

원숭환은 왕재진이 자신의 의견을 무시하자 조정에 상소를 올려 산해관 방어의 오류를 지적했다.

조정에서 동각 대학사 손승종을 파견했습니다.

옳지, 내가 보낸 투서가 효과가 있었어!

손 대학사가 유능한 자여야 할 텐데……

산해관

손 대인이 직접 전선을 방문해 주셔서 몸 둘 바를 모르겠습니다.
어험~

성을 신축한 후 산해관의 4만 군사를 그리로 옮겼소?
아닙니다. 다시 4만 군사를 모집해 성을 지킬 생각입니다.

그대 말대로라면 새 성에서 산해관 까지 사방 8리에 8만 군사가 있는 것 아니오?
맞습니다. 이 인원이면 금군을 막아낼 수 있습니다.

탁!

고작 8리를 8만 군사가 지킨다고?
그리고 산해관 앞의 지뢰와 구덩이도 무용지물이 되지 않소?
새 성이 산해관과 이렇게 가까워 새 성을 지킬 바에야 산해관은 무슨 필요가 있소?
바들~

만약 지켜 내지 못해 4만 군사가 산해관으로 패퇴하면 어쩔 셈이오?
산 위에 영채 세 곳을 세워 놓아서 패퇴하는 군사를 맞으면 됩니다.

싸움도 안 하고 패군을 맞는다고? 일부러 그들을 패하게 하려는 것이오?
손 대인, 왜 그런 말씀을…
버럭

더 이상 변명은 필요 없소. 당장 짐을 싸 고향으로 돌아가시오!
내가 뭘 그리 잘못 했다고…

이후 왕재진이 쫓겨 나고 손승종이 대신 산해관 방어의 총책임 임무를 맡았다.

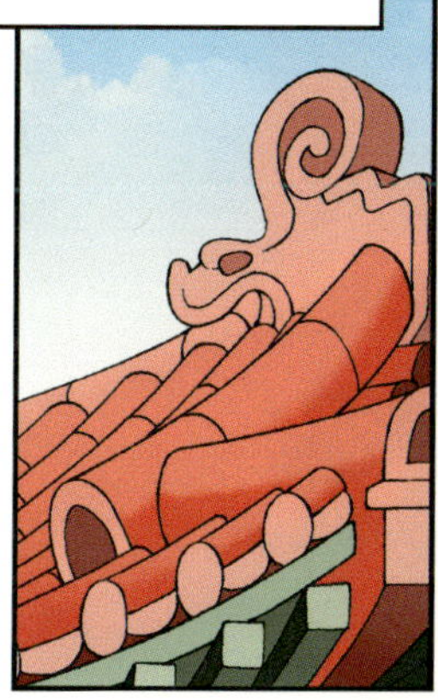

좋다! 영원 축성 임무는 그대에게 맡기겠다!
꼭 임무를 완수하겠습니다!

원숭환은 군민을 동원하며 영원에 성벽을 축조하고 화기들을 배치한 후 후금의 침입에 대비해 군사를 조련했다.

부총병 두응괴가 남의 이름을 사칭해 군수품을 받아갔다고 합니다.

군 기강을 바로잡는 중인데 감히 부정을 저지르다니!
용서하지 않겠다!

두응괴,
증거가 확실한데
더 할 말이
있느냐?
군수품을
돌려주고 다시는
이런 짓을 하지
않겠습니다!

내 손에
죽어라!
키헉!
슈욱

헉!

139

그대에게 무슨 권리가 있다고!
왜 내 지시도 없이 사람을 죽였느냐?

하마터면 군대에서 반란이 일어날 뻔했다!
저는 규정대로 하고자…
끙—

휴, 지금은 사람이 필요할 때니 책임은 내가 지겠다. 그대는 영원에 가서 성을 지켜라!
예, 대인!

원숭환과 손승종의 협력 아래 명군은 영원을 중심으로 차츰차츰 잃어버린 땅을 수복해 나갔다.

누르하치를 물리친 영원 전투

1626년, 누르하치는 명군이 스스로 물러난 것을 보고 대군을 이끌고 영원으로 진격했다.

누르하치가 20만 대군을 이끌고 쳐들어옵니다!
20만이라고?

아군은 고작 만 명인데 어떻게 싸우지?

이제 우린 죽었구나!
으엉~
뭐가 두렵나?

20만은 분명 허풍일 테고 내가 보기에 10만도 안 된다.
10만이 적습니까? 살이호에서 양호의 12만 대군이 여진족 6만에게 패했다고요.

우리가 영원에
오랫동안 터를 잡고
방어 공사에 힘쓴
건 오늘을 위해서
아니냐?
그건
그렇지만
……

그렇게 무서
우면 산해관에
가서 고 대인에게
편지를 전해라.
편지요?

소용없습니다.
고 대인이 구원
병을 보내지
않을 텐데요.
구원병을
요청하는 게
아니다.

고 대인에게
한 가지 전할
말이 있다.

영원에서
도망친 장병을
보면 죽여도
무방하다고!
히
익!

영원성
憲

털썩~
앗, 원 대인!

여진족이 곧 들이닥치는데 영원은 현재 고립 무원의 상태다!

하지만 난 이곳을 끝까지 지킬 것이다!

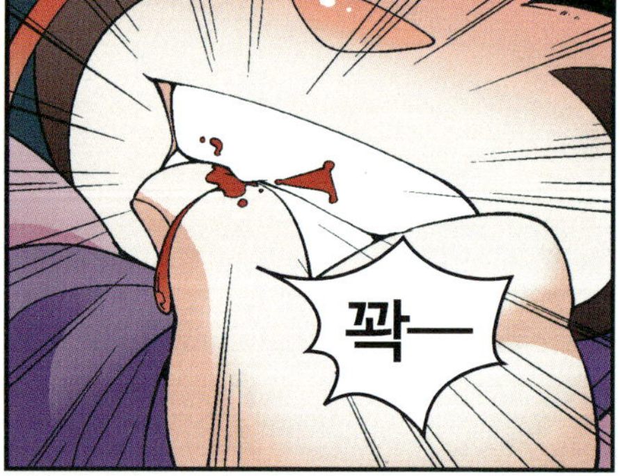

꽉―

슥삭―

이것이 내 결심 이다!
맹세코 영원을 사수 하자!

칸, 영원 수장이 투항을 거부했습니다.

명군이 전부 산해관 안으로 철수했는데 완강히 버티는구나.
성을 함락하면 개미 새끼 하나 남기지 말고 모조리 죽여라!

돌격!

다다다

펑!
펑!

으악!

돌격
하라!

운제를
올려라!

쉭ㅡ
쉭ㅡ

대인, 금군이
죽기 살기로
달려들어 상황이
위험합니다!

방법이 있다.
솜이불과 짚을
가져와라!
네?

뭘
하시려는
거지?

짚을 솜이불에
싸서 안에 화약
을 넣어라!
촤르르~

점화!
발사하라!

쾅!

으악!
으악!

장군, 명군의 저항이 완강해 전세가 불리합니다!

방향을 전환해 전군은 성 남쪽을 공격한다!

돌격!

기병한 이래 한 번도 패한 적이 없거늘, 작은 영원 하나 점령하지 못하다니!
에잇, 분하다!

공격 준비가 모두 끝났습니다.
수고했다!
기병대는 성을 향해 돌진하라!
와아!

장군, 송구하옵게도 원숭환이 직접 군사를 이끌고 남쪽 성을 지원하여 아군이 또 패했습니다.
뭐라?! 또 졌어?

오늘은 버텨 냈지만 적은 절대 포기할 리가 없다. 내일은 더 힘든 싸움이 될 것이다!

원 장군이 지휘하신다면 저희는 적을 물리칠 자신이 있습니다.
흥, 내 명성이 여기서 무너질 수는 없어.

괜히 치켜세우지 마라. 솔직히 필승의 자신감은 없다. 다만 필사의 각오로 싸울 뿐이다!
작심
적이 나와 같은 마음을 먹는다면 영원이 끝장 나고 시체로 산을 이룰 것이다!
도망치는 자는 죽음뿐 이다. 출격!
출발하란 명령을 못 들었느냐?

장병들이 종일 싸우느라 모두 지쳤습니다. 하룻밤 휴식을 취하고 내일 싸우심이 어떠할까요.
적은 우리보다 더 지쳤다. 저들이 오늘밤 성을 수리하면 지금까지의 싸움은 모두 헛수고가 된다!

나를 따르라!

칸, 그렇지만…
승리하기 전에 휴식은 없다!

영원 전투는 사흘간 이어졌다. 하지만 금군은 영원을 점령하지 못했을 뿐 아니라 누르하치가 포탄에 맞아 부상을 당했다.
몇 개월 후 누르하치는 상처가 깊어 세상을 떠나고, 그의 아들 황태극이 제위를 이어 국호를 '청淸'이라 불렀다.

장헌충이 양양을 함락하다

숭정 연간에 해마다 후금과 전쟁을 벌여 군비가 급증한 데다 자연재해까지 겹쳐 백성들은 살길이 막막해지자 잇달아 기의를 일으켰다. 기의군 중에는 '틈왕' 이자성과 '팔대왕' 장헌충이 세력이 가장 막강했다.

가증스러운 장헌충 놈이 날 가지고 노는구나! 내 목에 고작 3전을 걸다니!

눈앞에서 이런 방을 붙인 걸 보면 아군 중에 장헌충의 첩자가 섞여 있는 게 분명합니다.
힉!

어쩐지 아군이 출격할 때마다 도적놈들이 미리 알고 자리를 뜨곤 했어.

좌량옥에게 적을 더 바짝 추격하라고 명해라!
예, 대인!

장헌충을 잡으면 나 좌량옥이 반란 평정의 일등 공신이 된다!

장군, 장헌충의 사자가 뵙기를 청합니다!
사자가?

설마 날 매수하려는 건가?
어떤 매수냐에 따라 내 기꺼이 대어를 놓아줄 수도 있다.
곰곰

팔대왕이 소인을 보내 장군께 살길을 열어 달라고 부탁하십니다.

장헌충이 얼마를 내놓을 수 있느냐?
가격만 맞는다면 온전히 돌려 보내주겠다.
말해 보거라~

돈이 아니고 한마디 말입니다.
말이라고?

장군이 황제에게 신임을 받는 건 팔대왕 때문입니다.
팔대왕이 없다면 황제는 물론 양 대인에게 까지 버림받게 됩니다.

내가 자주 백성을 약탈한 일로 조정 대신들이 날 성토하고 있어.
폐하도 장헌충 때문에 내게 아무 말 못 하시는 느낌이고.

* 토사구팽兔死狗烹
토끼가 죽으면 사냥개도 필요 없게 되어 삶아 먹는다는 것으로 필요할 때 썼다가 필요 없어지자 버리는 경우를 뜻함.

장헌충은 떠돌이 강도라 좌량옥을 매수할 돈이 있었을 리 없다. 그런데 왜 그를 놓아준 걸까?
Why~?

좌량옥도 믿지 못하겠으니 이제 내가 직접 나서야겠다!

장헌충 진영

팔대왕, 양사창이 직접 군사를 거느리고 사천으로 들어온다고 합니다.

고귀하신 동각 대학사 겸 병부상서, 오성독사께서 친히 납시다니. 내가 그리 대단한가 보구나!

양사창은 지도나 보며 명령만 내릴 줄 안다. 사천 산간 지대로 들어오면 우리 적수가 못 된다!
헤헤, 그를 가지고 놀아 볼까!

양사창은 사천의 험난한 지형 때문에 번번이 장헌충을 놓치기 일쑤였다.

또 장헌충의 종적을 놓치고 말았습니다.
아무것도 안 보여.

사천은 산이 많고 수풀이 우거져 몸을 숨기면 찾기가 불가능합니다.
휴……

지도를 줘 봐라.

도대체 어디가 어딘지 알 수가 있나.
아리송~
저도 잘…

양사창이 우릴 쫓지 못한다 해도 계속 도망 다니는 건 좋은 방법이 아닙니다.

나도 도망치느라 지쳤다. 이제 역공을 가해 양양으로 공격하자!
네?

양양은 양사창의 본거지라 스스로 불로 뛰어드는 꼴 아닙니까?

아니, 양사창은 병사들을 모두 이끌고 사천으로 와서 양양은 병력이 적을 것이다!
역시 보는 눈이 남다르십니다. 존경스럽습니다!

장헌충은 양사창의 군대가 험지에서 헤매는 사이에 몰래 지름길로 하루 3백 리를 달려 양양에 도착했다.

빨리 성문을 열어라! 우린 양 대인이 보낸 전령이다!

장군, 우리 병사들인데요.
성문을 열어줘라.
뭘 물어?

끼익

그들 복장을 입었더니 양양 수비군이 금방 속아 넘어가네요.
오늘밤 계획대로 움직여서 팔대왕을 맞이하자.
크크

장헌충의 부하들은 병사들이 모두 잠든 밤을 틈타 성 곳곳에 불을 질렀다.

불이야! 기의군이 쳐들어온다!
활~
활~

화르륵—

계획이 착착 진행돼 양양성이 혼란에 빠졌습니다!

돌격하라!
와!

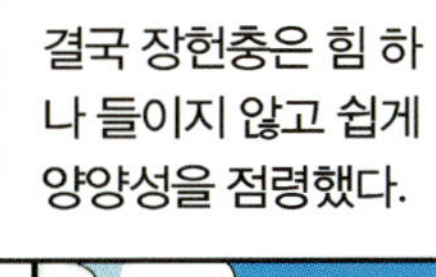

결국 장헌충은 힘 하나 들이지 않고 쉽게 양양성을 점령했다.

양왕 주익명을 잡아 왔습니다. 항렬로 따지면 황제의 할아버지 뻘입니다.
뻥!

제발 목숨만 살려 주시오!

금은보화는 왕부에 있으니 얼마든지 가져가시고 목숨만 부지하게 해 주시오!
으어엉~

네가 수탈한 백성의 고혈은 당연히 접수해야지. 하지만 나는 한 가지가 더 필요하다.
말씀만 하십시오. 제가 가진 건 뭐든 드리겠습니다.
엉엉~

네 목이다! 끌고 가 참수해라!
제발 목숨만 살려……!!
양사창은 반년 넘게 장헌충을 쫓다가 중병에 걸렸다. 이때 양양이 함락되고 양왕이 피살됐다는 소식과 이자성이 낙양을 함락하고 복왕을 죽였다는 얘길 듣고 울분에 차 곧 세상을 뜨고 말았다.

위대한 탐험가, 서하객

서홍조徐弘祖의 호는 하객으로 강소 강음 사람이다. 일생 공명을 추구하지 않고 오직 중국 산하 유람을 낙으로 삼았다. 그는 50세에 이르러 또 한 차례 여행을 계획했다.

그대가 천하를
두루 다니고 쓴
여행기를 읽으면
꼭 내가 그 자리에
있는 느낌이오.
표현력
짱!

과찬의 말씀이
십니다. 계족산은
가 본 적이 있으니
제가 동행이 돼
드리지요.
얏호!
고맙소이다!

헥
헥
성큼 성큼

매번
이렇게 걸어
다닙니까?
너무
힘들군요!

집안이 넉넉지 못해 수레를 타고 다닐 형편이 아니었습니다.
그럼 잠은 어떻게 잡니까?
그저 이 두 발로~

숲 속이든 절벽이든 강가든 자리를 깔고 누우면 잠자리지요.
세상에!

가면서 제 여행 이야기를 들려 드리죠.
좋습니다!

이곳이
상강입니다!

와!

넘실~

넘실~

그런데
강을 어떻게
건너죠?

여행을
다니면서 가장
힘들었던 때가
언제였습니까?

기다리다
보면 배가
옵니다.

그게
……

살랑~~

강도도 만나 보고 죽을 고비도 넘기고
전란으로 포위를 당해 몇 번이나 목숨을 잃을 뻔했지만

그래도 가장 힘들었던 순간은 스무 살 때 처음 집을 떠나 여행할 때였습니다.

이 아들이 과거에 전혀 흥미가 없어 어머니의 기대를 저버렸습니다.

홍조야, 이 어미는 네가 좋아하는 일을 하면 그만이란다.

제가 산천을 두루 돌아볼 예정인데 어머니를 돌봐줄 사람이 없어서 걱정입니다.
흑

남자가 뜻을 품었으면 크게 펼쳐야지 어미 때문에 주저해서야 되겠느냐!
어머니!

이 아들 어머니의 깨우침에 감사드립니다!
털썩!

그대 어머니는 대단한 분이시구려!

공자는 부모님이 살아계실 때 놀러 다니지 말라고 했는데
부친은 일찍 돌아가셨고 어머니는 홀로 남겨둬 여전히 마음이 놓이지 않소.

그래서 어머니 생각이 나는 게 내 여행 중에 가장 큰 어려움이오.
그렇구려.

두 분 강을 건널 겁니까?
배가 왔군요.
가진 돈 다 내놔!
이젠 끝장이구나. 부처님!!

맞은편까지 좀 데려다 주시오.
아니, 사공인 줄 알았는데 강도잖아!

이분은 출가인이라 돈이 없으니 해치지 마시오.

너는 내가 무섭지 않느냐?

이것이 운명이라면 두려워해서 뭣 하겠소?
당신을 포함해 난 평생 강도를 네 번 만났소.
순응~
네 번이나?

용케 도망쳤나 본데 이번은 쉽지 않을 거다.

보시다시피 난 여행가라 떡고물이 나올 게 없소.
여행가? 그럼 여기저기 많이 다녔겠군.

웬만한 명승고적은 기본적으로 다 가 봤소.
좋겠구려. 나도 여행을 가고 싶지만 생계 때문에 강도질이나 하고 있으니……
부럽~

잘 가시오. 계족산에 가면 내 대신 부처께 향을 피워 주시오!
그럼 이만!

정문 대사,
괜찮습니까?
애고,
죽겠네.

빈승의 체력이
이미 다했는데 부처
에 대한 간절함으로
겨우 여기까지 온
것이었소.

그런데 배에서
강도를 만나 이젠
몸이 버티질
못하겠구려.
대사
……

결국 정문 대사는 여독을
이기지 못하고 중도에 쓰
러지고 말았다.

서 선생,
이렇게 오래
끌고 다녀서
미안하오.

육신은 비록
죽지만 마음은
부처를 향해
……

활~
활~

정문 대사의 장례를 도와 주셔서 감사합니다.

정문 대사가 부처에게 제사 드리기 위해 강소에서 광서까지 걸어온 정성이 갸륵합니다.
맞습니다. 정말 존경스럽습니다!

서 선생은 이제 어디로 가십니까?
글쎄요…

계족산으로 가서 대사의 염원을 이뤄야겠습니다!
아!

여기서 계족산까지 길이 험한데 다 동무도 없으니 가지 마십시오.
두 분의 뜻을 부처님도 아셨을 겁니다.
만류~

대사와 약속한 일이라 난 반드시 가야 하오!

이 계족산 여행이 서하객의 마지막 여행이 되었다. 그는 집에 돌아오고 얼마 후 병으로 세상을 떠났다.
서하객은 생전에 2백만 자에 달하는 방대한 여행기 『서하객유기』를 남겼는데 이 책은 중국 지리 연구에 중요한 자료가 되었다.

숭정제가 매산에서 스스로 목을 매다

1640년, 틈왕 이자성이 거느린 농민 기의군은 하남을 점령했다. 그러나 이자성은 명을 무너뜨릴 야심과 실력이 부족했다. 이때 이암이란 참모가 그에게 몸을 의탁했다.

대대로 기의군이 실패한 이유는 명확한 강령과 엄격한 기율이 없었기 때문인데,
틈왕이 이 두 가지만 굳게 세우면 천하를 얻을 수 있습니다!

기율은 문제가 없지만 강령은 어찌 세워야 하오?
백성이 모반하는 것은 세금이 너무 무겁고 토지를 관료 지주가 독점해서죠.

토지와 세금이라는 양대 민생 문제를 해결하는 실질적인 강령은 '균전면부*' 입니다.
오, 그거 좋은 방법 이오!

이 선생은 식견이 넓어 군사로 모시고 싶으니 사양 하지 마시오.
최선을 다해 틈왕을 돕겠습니다!

빨리 성 안으로 들어가라. 틈왕이 쳐들어 온다!
헐레 벌떡~

---

* 균전면부均田免賦
토지를 균등하게 분배하고 부역을 면제해 주는 것.

틈왕이 쳐들어온다는데 어쩌지?
걱정 마. 틈왕의 부대는 기율이 엄격해서 함부로 살인과 약탈을 저지르지 않아.

틈왕에 관한 노래를 들어 본 적 없어?
무슨 노래?

봐, 저 아이들이 부르고 있잖아!
소와 말을 잡고 술을 준비해서 성문을 열고 틈왕을 맞이하자. 틈왕이 오면 양곡을 받지 않네.

정말 양곡을 낼 필요가 없어? 그럼 지금 조정보다 훨씬 좋잖아?
정말 그렇다면 난 틈왕을 지지하겠어!
성문을 열어 틈왕을 맞이하라!
열어라!

179

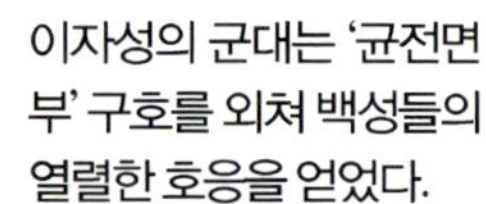

이자성의 군대는 '균전면부' 구호를 외쳐 백성들의 열렬한 호응을 얻었다.

1643년, 이자성은 서안을 점령하고 황제에 올라 '대순大順' 정권을 수립했다.

짐이 등극한 후 엄당이 정권을 장악하더니 다시 여진족이 해마다 국경을 침입했소.
지금은 이자성이 야금야금 압박하여 괴로운 형국이오.
이자성이 북경 가까이 이르렀으니 폐하의 창고를 열어 장병들에게 급료를 나눠주고 사기를 진작하십시오!

짐이 돈이 어디 있소?
옷도 꿰매 입은 것이 보이지 않소?

나라의 녹봉을 좀먹고 있는 그대들이 도적 토벌에 돈을 보태시오!
에? 우리가?

저는 청백리로 살아 빈털터리입니다.
신들도 돈이 없습니다.

평소에는 눈 감았지만 위급 상황인 지금까지도 우는 소리를 하는 게냐!
부정으로 착취한 재물이 있지 않은가!
버럭!

도적이 북경으로 쳐들어오면 목이 떨어지는데 돈이 문제겠느냐!
그건……

위조덕, 내각 수보인 그대가 먼저 돈을 헌납하시오!
힉—
폐하, 신은……

돈이 없다는 말은 마시오. 짐이 재산을 추적해 볼 것이오!

그럼 신은 5백 냥을 내놓겠습니다.
꼴랑 5백 냥?

장난하니?
거지 적선 하시오? 5백 냥을 누구 코에 붙인 단 말이오?!

짐이 명단을 작성해 직책에 따라 기부금 액수를 적었소.
끙...

주규, 폐하가 배정한 액수 10만 냥을 내놓으시오.
난 가난해서 설사 죽인다 해도 내놓을 돈이 없소이다.
배 째!
재산이 얼마인지 모른다고 여기나 본데, 잔말 말고 빨리 내놓으시죠.

숭정제가 으르고 달래자 대신들은 하는 수 없이 은 20만 냥을 내놓았다. 하지만 이 돈으로 군비를 충당하기에는 턱없이 모자랐다. 얼마 후 이자성이 북경으로 들어왔고 명의 대다수 관리와 장수가 잇달아 투항했다.

왕승은, 궁까지 짐을 부축해라.
예, 폐하!

이제 명의 기운이 다했는데 짐은
망국의 군주가 되고 싶지 않구나……
처연―

이 종을 치면 대신들이 구하러 올 겁니다!
딸랑
딸랑

아무도 오지 않는구나. 중원의 대국 명이 망할 때가 되니 단 한 명의 충신도 없구나!

184

대신들이 재산을 지키기에는 바쁘면서 폐하의 부름에는 아무도 응하지 않으니 실로 배은망덕합니다.

주 황후와 원 귀비, 장평공주를 불러라.
다녀오겠습니다.

폐하……

일어나라.
짐이 무능해서
너희들까지 해
를 입는구나.

흑흑
……

황후는 국모
이니 당연히
순국해야 하오.

죽음을
명하시면 신첩은
따르겠습니다.

나도 곧
황후를 따라
가리다.

원 귀비도
황후의 뒤를
따르라.

폐하께
작별 인사
올립니다!

미안
하오…
끄윽—

장평아,
미안하구나.
탓하려면 제왕의
딸로 태어난 네
운명을 탓해라.
아바마마,
흑흑…

다음 세상에
보자!

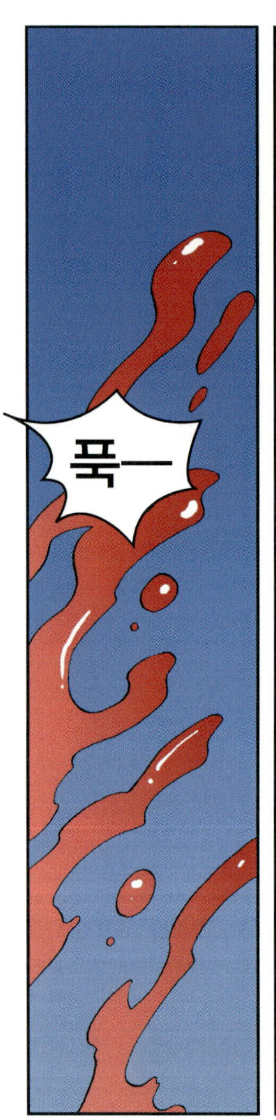

푹—
선조를 뵐
면목이 없으니
머리카락으로
얼굴을 가리자.
싹둑!

1644년, 숭정제는 황궁 뒤 매산燦山에서 스스로 목을 매 죽고 명은 멸망했다.
이자성은 북경으로 진입한 후 명의 관원들을 가혹하게 처벌하고 재산을 압수해 은 천만 냥을 몰수했다.

오 삼계가 청에 항복하다

이자성이 명의 도성 북경으로 쳐들어갈 때, 산해관 총병 오삼계도 군사를 거느리고 명을 구원하러 가는 중이었다.

오삼계는 도중에 숭정제가 목을 매 죽고 도성에 머물던 부친 오양이 구금됐다는 소식을 듣고 이자성에게 투항하기로 마음먹었다.

오 총병, 이 군량과 은은 대순 황제가 드리는 선물이니 앞으로 충성을 다하길 바랍니다.

내 부친은 잘 계시오?
염려 마십시오. 폐하께서 총병의 저택을 호위하란 명을 내려 부친은 안전하십니다.

고맙소. 내 군대를 이끌고 도성으로 가 폐하께 충성을 다하겠소.
폐하께서 분명 큰 상을 내릴 것입니다!

북경에서 소식이 당도했습니다.

속닥속닥

당장 저 놈의 목을 베라!
무슨 일인데 갑자기 화를 내시오?
이자성 놈이 내 부친을 죽이고 애첩 진원원까지 빼앗아갔다!
소…소인은 모르는 일입니다.

대장부가 자기 가족도 지키지 못 하면서 무슨 면목 으로 세상을 살아 간단 말이냐!

네 놈의 귀를 잘라 보낼 테니 이자성에게 곧 목을 베러 간다 고 전해라!
목숨을 살려 주셔서 감사 합니다!

총병, 이자성과 반목했으니 이제 어쩌시렵니까?
그건 ......

차라리 청에 투항 하련다.
네?

청의 손을 빌려 이자성을 제거한 다음 숭정제의 태자 를 옹립하고 명을 부흥하겠다!
멋진 계책 입니다!

山海關

분노한 오삼계는 즉각 산해관으로 돌아가 청의 도르곤에게 구원병을 요청했다.
청의 섭정왕 도르곤이 직접 군사를 이끌고 오겠답니다.

황태극이 죽고 여섯 살 난 복림이 제위를 계승하자 도르곤이 권력을 독점했다.
그가 직접 남하한 걸 보면 이번에는 뭔가 꿍꿍이가 있다.

일단 그를 맞으러 가자!
吳

끼익

오 총병, 오랜만이오!
섭정왕 이여!

제가 명의 황제를 해쳤으니 이자성을 죽이고 명을 부흥할 수 있도록 도와 주십시오.
일이 성사 되면 후한 상을 약속하 겠습니다!

오 총병의 충심에 감동해 내 기꺼이 도우리다.
감사합니다!
오예~

안으로 들어가 쉬시 지요.

괜찮소. 아군 이 밖에 영채를 차렸소.

이때 이자성은 이미 농민군을 직접 이끌고 산해관으로 진격 중이었다.
다다다
順

총병! 이자성이 20만 대군을 이끌고 쳐들어옵니다!

이자성이 이리 빨리 올 줄 몰랐구나. 우린 겨우 5만이라 그의 상대가 안 된다!

청군에게 빨리 구원을 청하십시오!
내가 직접 도르곤을 찾아가야겠다.

도르곤 군영

이자성의 군대가 내일이면 산해관에 당도하니 저를 도와주십시오!

분명히 말해 두지만 그냥 도울 수는 없소.

이자성을 격파하고 북경성 안의 은 수십만 냥을 얻는 것으로 부족 하십니까?
은 외에 땅도 필요 하오.

출병한다면 뭐든 들어 주겠소!

그대 같은 인재가 아예 청에 투항하면 어떻겠소?
네?

명에서는 보잘것없는 총병이지만 청에 항복하면 왕에 봉하리다!
……

도르곤은 중원을 넘볼 야심을 가지고 있다.
그의 권유를 거부하면 아무 도움도 못 받게 돼.

청을 위해 이 한 몸 바치겠습니다!
때를 아는 자가 바로 영웅이오!

말이 나온 김에 변발을 하시오.
……

이자성의 군대가 내일 당도하는데 5만 군사가 모두 변발 하기에는 시간이 부족합니다.
알겠소. 그럼 군사들 손목에 흰 천을 둘러 잘못 공격하는 일은 없도록 하시오.

와~

오삼계가 이렇게 오래 버틸 줄은 몰랐구나.

우리 군사가 압도적으로 많으니 곧 승리할 것입니다.

휙~
휙~

어디서 이상한 바람이 분다. 앞이 안 보여……
맞바람이라 우리가 불리해!

저기서 누가 오는 거지?

죽여라!
으앗!

엄청나다. 빨리 달아 나자!

도망가는 자는 목을 베겠다!

저들은 어디서 온 군대요?
산해관 밖의 청군 입니다.

산해관을 통해 청군이 물 밀듯 밀려오자 농민군은 완전히 궤멸되고 이자성은 북경으로 도망쳤다.
대왕 덕에 이자성을 무찌를 수 있었습니다.
이자성에게 숨 돌릴 기회를 줘선 안 되오. 계속 공세를 취해 북경까지 쳐들어갑시다!
헉!

도르곤의 탐욕이 참으로 큽니다.
대전을 치르고도 쉬지 않고 곧장 북경으로 진공하다니요.

지금은 남에게 얹혀 사는 상황이라 어쩔 수 없다.
청군이 언제든지 얼굴을 바꿔 우리를 멸할 수 있으니 구실을 줘서는 안 된다.

아무래도 난 매국노라고 욕을 먹을 것 같은 예감이 든다.
가책─

도르곤은 오삼계를 평서왕에 봉하고 선봉으로 삼았다. 청군의 주력부대는 그의 뒤를 따라 대순의 군대를 추격해 몰살했다.
이자성은 연전연패하다가 강서의 구궁산에서 살해되었다.

후방역과 이향군의 사랑 이야기, 『도화선』 上

향군!
방역…!

휴……
무슨 일 났어요?

마사영, 사가법 등이 남경에서 복왕을 옹립했다 하니 나도 참여할 생각이오.

이자성이 북경을 점령하고 폐하가 매산에서 목을 매 돌아가셨소.
앗, 그럼 명은 망한 건가요?

나라가 이 지경에 빠졌는데 공자님도 제 걱정은 마시고 충심으로 보답 하세요!
우리가 함께한 지 얼마 안 돼 헤어지려니 발길이 떨어지지 않소.
공자님이 어디에 계시든 향군은 공자님을 위해 수절하겠어요!
그대는 진정한 내 지기요!

폐하가 돌아가시고 태자의 생사조차 모르는 상황에서 내가 감히 즉위할 수 없소.
잠시 감국을 맡아 태자가 돌아오길 기다 리겠소!

복왕은 대의 를 깊이 아시니 감국을 맡아 주십시오!
만약 태자를 찾지 못하면 황제를 칭하 십시오!

국운을 널리 떨치고 대명을 부흥하기 위해 연호를 홍광으로 고칠 것이오.
올해는 여전히 숭정 17년이고, 내년이 홍광 원년이오!
국운을 떨 치고 대명을 부흥하소서!

아빠!
엉엉
……

훤한 대낮에 부녀자를 강탈하는 것이 왕법이냐?
복왕이 황제를 칭하고 비를 고른다잖아.

휴, 이자성을 아직 섬멸하지 못하고 청군도 산해관을 넘었는데 복왕은 국토를 회복할 뜻은 없고 비를 고르느라 바쁘구나.

선제의 세 황자가 모두 죽었다던데 나라에는 임금이 하루라도 없어서는 안 되니 복왕이 황제를 칭하는 게 이치에 맞지.

태자가 남경까지 겨우 도망 왔다가 자객의 손에 죽었다는 말도 들린다고.
복왕이 혹시 그런 불의한 짓을 저지른 건 아니겠죠?

복왕이 직접
저지르진
않았을걸.

복왕은 허수
아비고 대권은
내각 수보 마사영
손에 있으니까.

나라를 위해 이 한
목숨 바치려 했는데
형세가 복잡하게
돌아가는구나.

너무
어렵다!

어찌
한담…?

명에 번왕이
열 명인데 복왕이
옹립된 건 바로 마사영
덕분이지. 그런데
마사영 말을 안 들을
수 있겠어?

그렇
구나.

양주의 동각
대학사 사가법을
찾아가 보시오. 그
야말로 진정 명의
부흥을 꿈꾸는
분이시니.

맞다!

부친과
그분이 교분이
있다는 걸
깜빡했어.

여봐라, 아무도 없는가?

이모, 어머니가 출타 중이시니 위층에서 기다리세요.

그런데 무슨 일로 오셨어요?

참 입을 열기가 어렵구나…
전앙이 장가를 드는데 네 명성을 듣고 나더러 혼담을 꺼내라는구나.
네?
난감—

*삼생三生
전생, 현생, 내생을 가리킴.

207

내가 먼저 가서 설득해 보고 안 되면 그때 들어가라.
뭐, 그러죠 ……
정려!
양 대인, 밖에 누구 예요?

전앙의 하인인데 완대월의 종용을 받고 향군을 뺏으러 왔네.

방금 나눈 얘기 다 들었어요. 전 전앙에게 절대 시집 안 가요!

향군아, 빨리 나와 봐라!

양 대인은 저와 후 공자의 관계를 알면서 어떻게 이러실 수 있어요?
향군아, 너무 순진하구나.
전앙의 뒤를 마사영이 봐주고 있어! 후방역은 상대도 안 된단다.
콰콰콰!
얘기 끝났습니까? 빨리 나오십쇼. 전 대인이 목이 빠져라 기다리고 계십니다!

일이 이렇게 됐으니 양 대인은 빨리 이 아이를 단장시켜서 마차에 오르세요!
네?

가까이 오지 마세요!
휙ㅡ
콰콰콰!

후 공자를
저버리느니
차라리 죽음을
택하겠어요!
쉬익—

향군아…!

대인, 이제
어쩌면 좋죠?
이런
……

향군이 평소에
문밖 출입을 안 해
알아보는 사람이 몇
안 되니 자네가 대신
시집을 가게!
네?!
제가요?

저와 향군은
나이 차이가 많이
난다고요. 그리고
이 기루는 어떻게
하고요?

모녀간에 작별
의 정을 나누는
중이다. 조금만
더 기다려라!

빨리 안
나오면 문을
부수겠다!

빨리 결정
하지 않으면
나도 어쩔 수
없다!
문밖에 있는
자들이 뭔 짓을
할지 모른단
말이다!

엉엉……
그럼 제가 대신
시집갈게요.

왜 우느냐? 기녀가 양갓집 규수가 되는데 좋은 일 아니냐?
평생 기녀로 살 생각이었느냐?
전……
걱정 마라. 향군은 내가 잘 돌봐 주겠다.
감사합니다!
이 부채에 향군의 선홍색 피가 묻었구나.

오, 꼭 복숭아나무를 닮았어!

이정려는 마침내 양녀 이향군을 대신해 전앙에게 시집을 갔다.
당시 홍광 조정에는 전앙, 완대월 같은 뻔뻔한 관료들이 대부분이라 백성들의 삶은 도탄에 빠졌다.

후방역과 이향군의 사랑 이야기, 『도화선』 下

소녀, 노래를 부를 수 없습니다.
폐하와 중신들께서는 소녀의 말을 들어 보십시오.
명은 이제 이 강남 모퉁이만 차지한 형국이 되었는데
잃어버린 땅을 찾고 복수할 생각은 하지 않고 향락만 탐하니 부끄럽지 않습니까?
하….
그만 해라!
오늘 연회는 여기서 끝내자!
어느 안전이라고 감히 함부로 지껄이느냐!
완대월, 부끄러움을 모르는 엄당 같으니라고!
선제께서 위충현을 처형할 때 함께 죽었어야 마땅했다!

영남후 좌량옥이 간신을 제거한다는 기치로 백만 대군을 이끌고 무창에서 장강을 따라 동쪽으로 내려오고 있습니다!
헉!

이 도적놈이 내가 폐하의 신임을 받는 걸 시기해 권력을 다투려 하는구나!

즉각 회양의 수비군을 이동시켜 좌량옥을 막으십시오!
음……

청군의 남하를 막는 회양의 수비군을 옮기면 남경이 위험해지오.
좌량옥은 권력을 다투려는 것이지 모반을 일으킬 마음은 없는 것 같소.

현재 청군의 위세가 대단하니
좌량옥은 항복을 권유할 방법을 찾아 봅시다.
뭐라고요?

청군이 오면 화친을 맺으면 되지만
좌량옥이 오면 우리 군신 모두 처참하게 죽는단 말입니다!

내 차라리 청군 손에 죽을지언정 좌량옥 손에는 죽을 수 없습니다!

난 반대요!
좌량옥의 수하는 오합지졸이라 상대하기 쉽지만
청군은 훈련이 잘돼 있어 회양의 군사를 옮길 수 없소.

다시 한번 회양을 지키자고 말하면 목을 베겠다!
이글
이글
……

사가법과 후방역은 결국 회양의 군사를 이끌고 좌량옥을 막으려 출격했다.

사 대인, 얼굴에 수심이 가득하십니다.
무슨 큰 걱정거리라도 있으십니까?

좌량옥은 제 부친의 문하생이라 군대를 물리라고 편지를 보내겠습니다.
그게 좋겠다!
힘들게 조련한 회양 군사가 없을 때 청군이 남하하면 명은 끝장이야.

마사영이 우리에게 좌량옥을 막으라는 건 옳지 못한 결정이다.

여보시오, 후 공자가 누구시오?

내가 후방역인데 누구시오?
소인은 양문총 대인의 말을 전달하러 왔습니다.
완대월이 공자가 좌량옥과 내통했다고 모함하여 조정에서 공자를 잡으러 사람을 보냈습니다!
뭐?
아, 마사영에게 완대월의 말을 믿지 말라고 권했건만 귀담아듣지 않는구나.

제가 옥에 갇히면 완대월에게 시달림을 당할 테니 잠시 몸을 피하도록 허락해 주십시오.
그러도록 해라.

좌량옥이 황득공에게 패해 구강에서 병사했습니다.

우환거리 하나
는 해결됐구나.
외부 적을 앞에
두고 이런 내분이
없어야 할 텐데
걱정이다.

대인……
또 무슨
일이냐?

좌량옥의 아들
좌몽경이 전군을
이끌고 청에 항복
했습니다!
뭐?

큰일이다.
청군이 좌몽경을
얻으면 분명 대거
남하할 것이다!
그럼
어쩌죠?

전군은
양주로 회군
하라!

양주

격문을 모두 돌렸지만 유조기만 싸움을 도울 뿐 나머지 부장들은 반응이 없습니다.

청군이 곧 들이닥칠 텐데……

양주의 수천 군사로는 적을 당해낼 수 없으니 남경으로 퇴각하시지요.
후퇴란 없다. 난 죽어도 양주에서 죽을 것이다!
눈앞의 이익에 급급한 장수들이 내 충심에 감동해 군사를 이끌고 찾아와 양주를 지킬 수 있길 바랄 뿐이다.

이레 후

위로는 나라에 송구하고 아래로는 백성에게 미안해 더는 살 의미가 없다!

양주에서 이레 동안 악전고투하는데 구원병이 하나도 안 온단 말이냐?

이러지 마십시오! 제가 목숨을 걸고 대인을 보호해 포위를 뚫겠습니다!
그냥 죽게 내버려 둬라!
사 대인을 모시고 성을 나가라!

221

너는
누구냐?

내가 바로
사가법이다!

나를 잡아
가고 양주의
무고한 백성을
죽이지 마라!

한편 남경에서는……
빨리 도망가자!
청군이 양주를
점령해 이제
남경 차례다.

그만 가자!
기다리세요. 아직 장신구를 다 챙기지 못했어요.

목숨이 달렸는데 그깟 장신구가 대수냐?
저게 얼마짜린데!! 내 장신구!

빨리 가자!

다다다

이 부채에는 나와 후 공자의 사랑이 담겨 있어.

오늘로써 명이 국운을 다하는구나.

공자님, 어디 계세요?
빨리 와서 같이 춤을 춰요!
1645년 5월, 겨우 1년 밖에 안 된 남명의 홍광 정권은 이렇게 끝이 났다.

정성공이 대만을 수복하다

1626년, 네덜란드인이 대만을 식민 통치하기 시작했다.

1661년, 동남 연해에서 청에 저항하던 정성공은 대륙에서 발을 붙이기 어려워지자 대만을 수복하기로 결심했다.

* 국성야國姓爺
정성공은 명 황제에게 황실 성씨인 '주朱'씨를 하사받아 국성야로 불렸다.

이렇게 많은 대만 백성들이 환영해 주셔서 아군의 사기가 크게 올라갔소!

여러분의 지지에 힘입어 꼭 네덜란드 인을 몰아내고 대만을 수복하겠소!
야호!

돌격 하라!
와!

펑—
펑—
펑—

쾅!
쾅!
쾅!

그렇다면,
철인 부대,
출동하라!

놈들의
화력이 너무 강
해서 공격이 불
가능합니다.

두두둥

국성야, 저희가 도우러 왔습니다!
너희는 …?

이들은 네덜란드 노예들인데 산으로 도망쳐 와 저희가 거두었습니다.

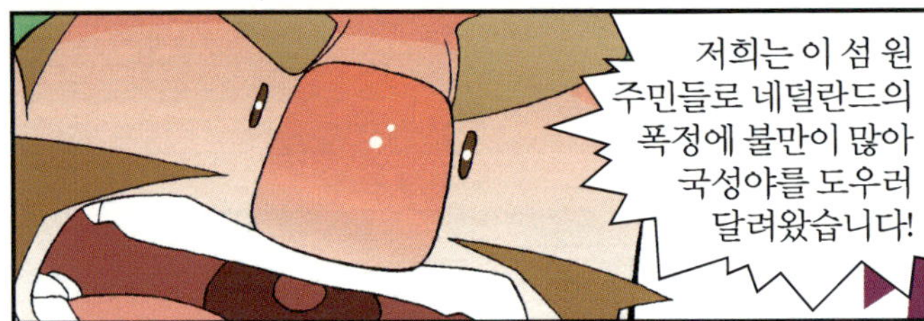

저희는 이 섬 원주민들로 네덜란드의 폭정에 불만이 많아 국성야를 도우러 달려왔습니다!

저희는 네덜란드인에게 대포 쏘는 법을 배웠습니다!
저도 쏠 줄 압니다!

대포 발사!
신난다!
쌔앵ㅡ

잘됐구나. 아군에게도 대포가 있지만 병사들이 능숙하게 다룰 줄 모르니 도와다오!

펑—
펑—
펑—

쾅!

네덜란드군 보루가 무너졌다! 돌격!
우다다—

공격을 멈추시오. 항복하겠소!

초반 전투에서 패한 네덜란드
는 대만성과 적감성으로 물러
나 방어했다. 이 두 성은 요새
처럼 견고하여 아무리 공격해
도 무너지지 않았다.

네덜란드인은
구원병이 오길 기다
리며 투항하지 않으니
그들의 기대를 무너
뜨려야 한다.

전략을
말씀해
주십시오!
치고 빠지기
전법이다!

요 며칠 풍향을
보니 놈들의 해외
원군이 곧 도착할
것이다.
앞에 배들이
많이 보이는데
명의 해군이
분명합니다!

걱정 마라. 명의 함대는 우리 상대가 안 된다.
멀리서는 대포를 쏘고 가까이서는 들이받으면 된다!
예!

펑—
펑—
펑—

쾅!
쾅!

장군, 헥터 호에 불이 붙었습니다!
뭐?

명의 배들이 민첩하게 움직이며 우리 함선을 포위한 후 한꺼번에 공격합니다!
……
헉, 적선이 우리 배 쪽으로 옵니다!
빨리 도망가자!

바다에서 어디로 도망갑니까?
바타비아 호로 옮겨 타라!

정성공 진영

대만에서 철군하면 은 15만 냥을 드리겠습니다.

너희들이 철군하는 것 외에 다른 얘기는 꺼내지 마라!

항복한다면 너희들의 안전을 보장하고 일부 재산을 가지고 돌아가도록 허락하겠다.

빨리 가라!
그대로 전하겠습니다.

몇몇 현지인이 네덜란드인을 투항시킬 방법이 있답니다.
빨리 들어오라고 해라!

국성야를 뵙습니다!
인사는 됐고, 무슨 방법인지 얘기해 봐라!

제가 놈들의 수원이 어디 있는지 압니다. 수원을 끊어 버리면 얼마 버티지 못할 겁니다.
오, 일이 성사 되면 큰 상을 내리겠다!

수원을 끊은 효과가 나타나 적감성이 항복했습니다!
잘됐다. 이제 대만성 하나만 남았다!
대만성은 견고해 단시간 내에 점령하기 어렵겠습니다.

지금 아군의 식량이 고갈되어 방법을 찾아야만 한다.
그래! 둔전을 하면 대만도 개발하고 식량 문제도 해결할 수 있다!
좋은 방법입니다. 놈들이 성 안에서 이 광경을 보면 침만 질질 흘리겠죠?

이곳은 이제 우리의 터전이니 게으름 피우지 말라고!
물론!

으쌰!
힘내자!
아자!

1662년, 정성공은 약속을 지켜 네덜란드인에게 자신의 재산을 가지고 대만을 떠나도록 했다.

이후 정성공은 피로가 누적된 데다 풍토가 맞지 않아 결국 중병에 걸렸다.

다음 권에 계속됩니다…